kailash

Jens Corssen
Stephanie Ehrenschwendner

LEBENS FREUDE

Wie es gelingt, das Leben
trotz aller Schwierigkeiten zu bejahen

kailash

MIX
Papier | Fördert gute Waldnutzung
FSC® C014889

Penguin Random House Verlagsgruppe FSC® N001967

2. Auflage
Originalausgabe

in der Penguin Random House Verlagsgruppe GmbH
Neumarkter Str. 28, 81673 München
Lektorat: Diane Zilliges
Satz: Satzwerk Huber, Germering
Umschlaggestaltung: Daniela Hofner,
ki 36 Editorial Design, München
Autorenfoto: Frank Bauer
Druck und Bindung: Friedrich Pustet GmbH & Co. KG, Regensburg
Printed in Germany
ISBN 978-3-424-63249-1

www.kailash-verlag.de

Jenseits von richtig und falsch liegt ein Ort.
Dort treffen wir uns.

Rumi

Inhalt

Vorwort

Vor Jahrzehnten war ich im Bayerischen Landtag, um einen Bildungspolitiker dafür zu gewinnen, das Unterrichtsfach »Gelingendes Leben« in den Lehrplan aufzunehmen. Trotz geäußerten Interesses daran und wiederholter Versuche meinerseits hat das bisher leider nicht geklappt. Ich warte nicht mehr! Deshalb habe ich nun zusammen mit Stephanie Ehrenschwendner dieses Buch geschrieben – als Anleitung für Menschen, die wissen wollen, wie ein freudvolles Leben gelingt.

Das Spüren von Lebendigkeit, Geborgenheit und Glück ist die große Sehnsucht der allermeisten Menschen. Seminare für waches Bewusst-Sein und ein intensives Erleben der Gegenwart helfen, sich von den oft quälenden, automatischen Gedanken zu befreien, die unsere Gefühlswelt verdunkeln. Die Mehrzahl von uns jedoch wäre schon erleichtert, wenn sie dieses Klagen über das alltägliche Leid loswerden könnte. Das schaffen aber nur wenige, weil die meisten nicht gelernt haben, dass ein gelingendes Leben stark damit zu tun hat, das Leben an sich zu verstehen, es eigenmächtig zu gestalten und konsequent einem selbstformulierten Sinn zu folgen. Wer sich als unschuldiges Opfer seiner Umstände sieht und sich vom Leben gemobbt fühlt, ist permanent unzufrieden. Er lebt im Widerstand, sozusagen im Permafrost. Erst wenn man auftaut und den eigenen gedanklichen Beitrag am Leid erkennt, kann man ihn derart verändern, dass die Freude ins Leben treten kann.

Leben ist auch ein Synonym für Sich-Beziehen. Der Mensch als soziales Wesen kann den Weg zu einem glücklichen Leben in einer gleichgesinnten Gemeinschaft leichter beschreiten denn als Einzelkämpfer. Erfahrungsaustausch, Mitgefühl, ehrliche Rückmeldungen über die eigene Wirkung und gemeinsames Lernen sowie Erleben sind dabei sehr hilfreich und unterstützen die Befreiung aus dem Tal der Verstimmtheit. Wem es also gelingt, die Gesetze des Lebens sowie die eigene Einzigartigkeit und auch die anderer anzuerkennen, erschafft sich die beste Voraussetzung für eine lebensbejahende und freudvolle Gestimmtheit.

Nicht nur nebenbei möchte ich erwähnen, dass für mich das Streben nach persönlicher Zufriedenheit und Lebensfreude auch im gesellschaftspolitischen Kontext steht. Denn wer verstimmt und widerspenstig im mangelorientierten Denken und Tun verharrt und die Schuld dafür nur im Außen sucht, wird der Verantwortung eines aufgeklärten Menschen nicht gerecht. Ohne die Bereitschaft, einen persönlichen Beitrag für die Gemeinschaft und ein gelingendes Miteinander zu leisten, wird man eher vermeintlichen Erlösern, die das Ende allen Übels versprechen, wie ein ahnungsloses, ängstliches Kind folgen.

Dieses Buch erzählt die Geschichte von fünf Unzufriedenen, die sich nicht kennen und sich gemeinsam auf den Weg zu mehr Zufriedenheit und Freude begeben. Einmal im Monat treffen sie sich im Englischen Garten mitten in München, wo sie nach und nach zu einem tieferen Verständnis von sich selbst und vom Leben kommen. Auch wenn nicht alles so läuft, wie sie es sich vorgestellt haben, lassen sie sich mutig und neugierig aufeinander und in der Folge auch auf ein neues Erleben ein. Sie erfahren, wie es sich anfühlt, in einer zuversichtlichen Haltung zu leben. Dieser Englische Garten, in dessen Nähe ich wohne, ist für mich eine Metapher: Anders als domestizierte Französische Gärten, die in ihrer Anlage einer starken Gestaltung und Symmetrie folgen, gibt der Englische Garten nur sanft eine Form vor und lässt der Natur ihre Entfaltung. Der perfekte Ort für die fünf Protagonisten des Buches, deren spannenden Entwicklungsprozess wir in den folgenden Kapiteln aus nächster Nähe erleben und die in ihrer Persönlichkeit und ihren Bedürfnissen manchen Klientinnen oder Klienten von mir ähneln. Bei ihren regelmäßigen Treffen teilen sie immer vertrauensvoller ihre Gedanken und Gefühle miteinander und machen bereichernde Erfahrungen auf ihrem Pfad vom gefühlten Mangel zur erlebten Fülle. Mit der Zeit gelingt es ihnen, in eine lebensbejahende gehobene Gestimmtheit zu kommen und trotz alltäglicher Probleme ein eigenverantwortliches und freudvolles Leben zu führen. Das Buch stellt außerdem in von mir formulierten Kästen Orientierungshilfen auf Ihrem eigenen Weg zu mehr Selbstbestimmung und Erfüllung bereit.

Ich wünsche Ihnen eine inspirierende Lektüre und den Mut, sich an Ihrer Einzigartigkeit und den daraus resultierenden Bedürfnissen zu orientieren.

Herzlichst
Ihr Jens Corssen

November

Erstes Treffen am Monopteros

»Ich weiß nicht, was ich hier soll.«

Die Worte von Klaus trafen die Gruppe, die sich frühmorgens mit ihm am Monopteros versammelt hatte, unerwartet. Warum war er dann gekommen? In den 1970ern war der Rundtempel im griechischen Stil und der Hügel, auf dem er sich befand, ein Treffpunkt für Studenten und Hippies gewesen. Von dort oben, wo die Fünf gemeinsam froren, hatte man einen wunderschönen Blick über den südlichen Teil des Münchner Englischen Gartens. Bei gutem Wetter konnte man, zwischen die Säulen des Tempels hindurchblickend, nicht nur die Bäume und Bäche des Parks ausmachen, sondern sogar die Frauentürme im Zentrum der Stadt. Aber das entging den fünf Frühaufstehern, denn zum einen war es noch nicht richtig hell und zum anderen gerade mal zwei Grad über null, sodass alle damit beschäftigt waren, sich warm zu halten. Sie hatten

Decken, Kissen und Isomatten mitgebracht und waren in dicke Winterkleidung, Mützen, Schals und Handschuhe gehüllt, um sich gegen die feuchte Kälte der schwindenden Nacht zu wappnen. Obwohl sie sich noch nie zuvor begegnet waren, schienen sich alle einig, dass es eine ziemlich verrückte Idee war, an einem Sonntagmorgen um sieben Uhr auf einem Hügel zu sitzen, um mehr Freude in ihr Leben zu holen.

Nachdem sie einige leere Bierflaschen und Dosen, von ein paar Feierfreudigen zurückgelassen, zur Seite geräumt hatten, waren die fünf während der anfänglichen Vorstellungsrunde instinktiv immer näher zusammengerückt, als wären sie ein Rudel frierender Hunde, das sich gegenseitig Wärme spendet. Anna, die Jüngste, schaute eingewickelt in ein großes Wollplaid verschlafen vor sich hin. Sieben Uhr war nicht ihre Zeit. Sie rieb sich die Augen und dachte an ihr weiches warmes Federbett. Sofort fühlte sie sich wohliger. Einen Hauch nur, aber immerhin. Schemenhaft schob sich eine Erinnerung in ihr Bewusstsein, wie sie als kleines Mädchen mit ihrem Vater auf einem Schlitten den Monopteros-Hügel hinunterbrauste. Auch dieser Gedanke wärmte sie.

»Warum bist du dann überhaupt gekommen?«, konterte Gerda und griff nach ihrem Rucksack. Dabei fiel ein Buch mit vielen Klebezetteln zwischen den Seiten heraus. Sie packte es schnell wieder ein. Es musste ja nicht jeder gleich wissen, was sie so las. Dann kramte sie eine große Thermoskanne hervor. Als Taxifahrerin war sie es gewohnt, zu den unterschiedlichsten Tages- und Nachtzeiten – und Temperaturen – zu funktionieren. Es gab für sie keine Kälte, sondern nur falsche Kleidung und schlechte Vorbereitung. Sie zog den Reißverschluss ihres Anoraks nach oben. Die Miesepetrigkeit, die dieser Klaus ausstrahlte, gefiel ihr gar nicht, auch wenn sie ihr nur allzu vertraut war. Täglich stiegen Kunden, deren Stimmung auf einer Skala von A wie »angefressen« bis Z wie »zerknirscht« rangierte, zu ihr ins Taxi ein. Aber Gerda ließ sich davon nicht beirren und schaffte es meist mit einem Gespräch oder guter Musik, die Leute aus der Reserve zu locken, sodass sie am Ende der Fahrt beschwingter wirkten. Auch wenn die meisten Fahrgäste am Zielort schnell wieder aus dem Auto sprangen. Die Eisbrecherin zu sein – das war wohl ihre Aufgabe und so sah sie auch ihre Rolle in dieser Gruppe. Manchmal brauchten die Leute eben einen zarten oder auch etwas heftigeren Schubs, damit sie in Bewegung kamen, nicht nur im Taxi. Daher war Gerda entschlossen, der trüben Stimmung von Klaus nicht nachzugeben.

»Also, warum bist du hier?«, hakte sie nach.

»Wegen meiner Frau«, brummte Klaus und wich Gerdas Blick aus, weil er nicht bereit war, noch tiefer in ein Gespräch einzusteigen. Die häuslichen Auseinandersetzungen der letzten Wochen reichten ihm. »Du redest kaum noch und bist dauernd schlecht drauf«, hatte ihm seine Frau vor ein paar Tagen vorgeworfen und dann gefragt: »Was ist denn bloß mit dir?« Er war wieder einmal stumm geblieben – wie hätte er ihr auch die Wahrheit sagen sollen? So hatte sie hinzugefügt: »Entweder du gehst in Corssens Freude-Kreis oder ich lass ich mich scheiden.«

Was für ein Albtraum, dachte Klaus und verfluchte einmal mehr den Tag, an dem seine Frau von der Firma aus auf einem Seminar bei Jens Corssen, einem Psychologen und Verhaltenstherapeuten, gewesen war. Er hatte ihr von sogenannten Freude-Kreisen erzählt, kleinen Gruppen, die sich in Deutschland, in der Schweiz und Österreich zusammenfanden, um wieder mehr Lebensfreude zu spüren. So ein Quatsch, schimpfte Klaus in sich hinein. Als ob Lebensfreude eine Tafel Schokolade wäre, die sich einfach konsumieren ließe. Nach fünfundzwanzig Ehejahren musste seine Frau doch wissen, wie sehr er die Vorstellung einer Selbsthilfegruppe hasste. Reden, fand Klaus, war überschätzt und brachte meistens nichts. Aber seine Frau blieb angesichts der Vorstellung, wieder mehr Freude in das Leben ihres Mannes zu bringen, hartnäckig. Und Klaus, den die Ereignisse der letzten Wochen mitgenommen hatten, war immer müder geworden, sodass er schließlich nachgegeben hatte, weil er nur noch seine Ruhe wollte. Nun saß er hier und fühlte sich schrecklich unwohl. Wenn er schon seiner Frau nicht sagen konnte, was los war, worüber sollte er dann bitte mit diesen Fremden reden?

»Also, ich würde ja nicht einfach machen, was mein Partner will«, schaltete sich Britta ein, während sie eine Stimme in ihrem Kopf darauf aufmerksam machte, dass es offenbar Männer gab, die Opfer brachten, weil sie ihre Frau liebten.

»Wer heute hier ist, will offensichtlich auch hier sein.« Mit diesen Worten reichte Gerda den beiden einen Becher dampfenden Tee, während Anna aus einer Papiertüte selbst gemachte italienische Kekse anbot, die sie nach einem Rezept der römischen Familie gebacken hatte, bei der sie nach dem Abitur Au-pair gewesen war. Wie nett, dachte Sebastian, der bisher noch gar nichts gesagt hatte, dass jemand für fremde Leute bäckt. Britta nahm, ein gewinnendes Lächeln auf Gerda gerichtet, den Becher Tee entgegen, auch wenn ihr Cappuccino lieber gewesen wäre. Sie hatte in ihrem Leben ein paar psychologische Erkenntnisse und spirituelle Erfahrungen gesammelt. War über die Arbeit auf Seminaren zur Persönlichkeitsentwicklung und privat sogar mal bei einem Schamanen gewesen, was ihr im Nachhinein ziemlich unheimlich vorkam. Sie kannte Frauen wie Gerda. Typ spirituelle Lehrkraft, die das Repertoire irgendwelcher Gurus runterbetete. Dass sie ein zerlesenes Buch über Bewusstsein im Rucksack mit sich rumtrug, wie Britta sofort erkannt hatte, sprach Bände. Nur die Funktionskleidung und die rosafarbene Bommelmütze passten nicht so recht ins Bild. Da hätte sie eher Ökoklamotten erwartet. Britta nahm sich vor, Gerda nicht auf den Leim zu gehen.

Klaus blies stumm in seinen Tee, als wollte er hinter den aufsteigenden Dampfschwaden verschwinden.

»Wieso antwortest du eigentlich nie, wenn man dich was fragt?«, sagte Britta in seine Richtung. Sie hatte es so satt, von Männern übergangen zu werden. Seit ihrem fünfzigsten Geburtstag war es noch schlimmer geworden. Da ging das Gefühl, unsichtbar zu sein, fast nicht mehr weg. Die Arroganz, die dieser Mann an den Tag legte, durfte man nicht dulden, schon gar nicht in einer Gruppe, die sich mit Lebensfreude beschäftigen wollte. Sie setzte zu einer Attacke an: »So wie du dreinschaust und mit uns umgehst, fühlt man sich wie Luft.«

Klaus zuckte zusammen. Genau das hatte seine Frau beim letzten Krach auch gesagt und hinzugefügt: »Ich kann dein Novembergesicht nicht mehr sehen!«

Er drehte den Kopf zur Seite, als würde ihn das unsichtbar machen, und beobachtete, wie ein Spaziergänger auf der Wiese am Fuß des Hügels vorbeimarschierte. Seine zwei Hunde, ein Labrador und ein Dackel, liefen im Gleichschritt vornweg. Wie schafften die das bloß, wo sie doch so unterschiedlich waren? Unweigerlich musste er wieder an seine Frau denken. Wenn sie geahnt hätte, was wirklich los war, sie hätte nicht mehr darauf bestanden, dass er zu diesem Freude-Kreis geht.

Eheprobleme, dachte Gerda und kam zu dem Schluss, dass es gut war, keinen Partner zu haben. Außerdem ließ die Gesprächskultur hier gerade etwas zu wünschen übrig. Sie waren ja nicht hier, um über Beziehungsprobleme zu reden.

Klaus schwieg und fokussierte seinen Blick weiter auf die Wiese unterhalb des Monopteros, wo er im Nebel einige Krähen entdeckte, die sich an einem überquellenden Mülleimer um Beute zankten.

»Warum trennst du dich nicht?«, rutschte es Britta heraus, selbst erstaunt über die Direktheit ihrer Frage. Sie suchte in den Augen der anderen Bestätigung. Einer musste hier doch Klartext reden. Für seichte Gespräche hätte man sich auch später am Tag in einem Café verabreden können. Dafür brauchte sie keinen Freude-Kreis. Oberflächlichkeit konnte sie jeden Tag mit ihren Freundinnen haben. Sie unterdrückte einen Seufzer. Früher hatten sie oft bis in die Nacht zusammengesessen, gelacht und geratscht.

Aber seit einigen Jahren, eigentlich seit alle Kinder bekommen hatten, war nichts mehr los mit den Mädels. Entweder sie nutzten jede Gelegenheit, um von ihren Problemen zu reden. Oder sie verabschiedeten sich bereits vor halb zehn Uhr abends, um nach Hause zu fahren zu den Kindern und zu Robert, Thomas, Peter oder wie auch immer die Langweiler hießen, mit denen sie verheiratet waren. Früher, aber das schien Jahrzehnte her, hatte sie mit ihren Freundinnen manchmal nachts um drei noch Spaß gehabt und über Gott und die Welt diskutiert. Damals waren sie noch interessant, stellte Britta nicht ohne Zynismus fest.

»Merkst du eigentlich nicht, wie bitter du geworden bist?«, hatte eine ihrer Freundinnen beim letzten Treffen gesagt und keine der anderen hatte widersprochen oder sich für sie eingesetzt. Die ganze Nacht hatte sich Britta daraufhin im Bett hin und her gewälzt, weil sie nicht aufhören konnte, das Gespräch x-mal im Geiste durchzuspielen. Aber ich mag doch Menschen, war der letzte Gedanke, bevor sie im Morgengrauen endlich einschlief. Am nächsten Tag las sie am Frühstückstisch in einer Frauenzeitschrift einen Artikel, wo es um Freude-Kreise ging, die ein gewisser Jens Corssen veranstaltete. Mehr Freude konnte ihr Leben definitiv vertragen. Spontan hatte sie sich angemeldet. Auch ein bisschen aus Trotz, weil sie nicht so festgefahren sein wollte wie ihre Freundinnen und es auch nicht konnte, weil bei ihr zu Hause weder ein Kind noch ein Ehemann wartete. Britta beruhigte sich mit dem Gedanken, dass die frustrierten Freundinnen mit ihren kritischen Äußerungen über sie doch bloß neidisch auf ihre Erfolge waren. Sie hatte immerhin etwas aus ihrem Leben gemacht: eine Karriere als Teamleaderin in einem internationalen Unternehmen, eine Eigentumswohnung und eine gute finanzielle Absicherung. Als sie nicht sofort eine Bestätigung der Anmeldung zu dem Freude-Kreis per Mail erhalten hatte, ertappte sie sich dabei, froh darüber zu sein. Denn Britta begab sich nur ungern in unbekannte Gewässer, und der Gedanke, mit fremden Leuten über Persönliches zu reden, fühlte sich unangenehm an. Aber schon ein paar Minuten später kam die Nachricht: Sie war dabei.

Alle warteten immer noch gespannt darauf, dass Klaus endlich antwortete. Der aber zog es vor zu schweigen. Er hätte auch gar nicht gewusst, was er sagen sollte. Um wenigstens etwas zu tun, zog er die Decke, die um seine Schultern lag, enger.

»Jetzt mal halblang, Leute«, mischte sich Sebastian ein. Er fand, dass ein Punkt erreicht war, wo er Klaus zur Seite springen musste. »Der Ton hier ist gerade etwas anmaßend und auch nicht zielführend. Was geht dich, Britta, die Ehe von Klaus an? Meiner Meinung nach muss man sich auch nicht gleich bei jeder Flaute trennen.«

»Wieso nicht? Bist du konfliktscheu?«, schoss Britta zurück, schließlich war Angriff immer noch die beste Verteidigung. Sie ärgerte sich über Sebastians Zurechtweisung und fühlte sich vorgeführt, weil er Gerda, die das Gespräch ja angezettelt hatte, außen vor ließ. Außerdem machte es ihr allgemein Spaß, andere zu provozieren oder zumindest zu verunsichern. Deshalb fügte sie hinzu: »Liebe muss doch erfüllt …«

Mit einem »Stopp!« wurde sie mitten im Satz von Gerda unterbrochen.

»Würdest du mich bitte ausreden lassen!«, schoss Britta zurück.

»Nein!«, entgegnete Gerda schroff. »Wir sind hier, um darüber zu reden, wie wir das Leben mehr genießen und öfter in die Freude kommen können. Wenn wir aber bloß streiten, hätte ich lieber ausgeschlafen und wäre dann die Vormittagsschicht gefahren. Die Witwen und Witwer, die sonntags ans Grab wollen, sind ein gutes Geschäft.«

Nur Britta bemerkte, wie Klaus zusammenzuckte. Im November sterben die Leut, ging ihr durch den Kopf. Das hatte ihre Mutter immer gesagt. Sie war fast auf den Tag genau vor einem Jahr gestorben. Wehmut ergriff sie, als das lebhafte Gesicht ihrer Mutter vor ihrem geistigen Auge auftauchte. Sie stand ihr Leben lang im Dienst anderer Menschen, ließ ihnen den Vortritt, brachte sie zum Scheinen und überstrahlte mit ihrer guten Laune alles. Britta hatte ihre Mutter immer dafür bewundert, dass sie sich für alles interessierte und gut mit jedem konnte. Sie spürte einen leichten Stich im Herzen. Es tat weh, daran zu denken, wie die Mutter für andere ihr letztes Hemd gegeben, aber nicht gesehen hatte, was ihre eigene Tochter so alles leistete. Tief durchatmen, redete sie sich gut zu. Dieses Thema gehörte nicht hierher. Sie richtete ihre Aufmerksamkeit auf die unangenehme Kälte und zog ihre Mütze tiefer ins Gesicht.

Plötzlich kam eine Krähe durch die Säulen in den Tempel geflogen. Aufgeregt flatterte sie herum, bis sie schließlich neben der Tüte mit den Keksen landete, sich ein paar Brösel schnappte und schnell wieder das Weite suchte. Anna, die erschrocken aufgesprungen war, setzte sich erleichtert wieder hin.

»Das ist wohl ein Zeichen«, kommentierte Sebastian die Aktion mit einem Lächeln.

Britta verdrehte die Augen. Offenbar war der Typ auch einer von diesen Spirituellen, die alles, was um sie herum passierte, als Botschaft betrachteten.

»Ein Zeichen wofür?«, fragte Anna.

»Dafür, dass wir vielleicht erst mal die Spielregeln besprechen sollten, bevor wir loslegen.« Sebastian hatte nach seinem BWL-Studium sechs Monate in Indien verbracht und dort auch eine Zeit lang in einem Ashram gelebt. Deshalb wusste er, wie wichtig Regeln für eine Gruppe waren. Also zog er ein Papier aus seiner Manteltasche, eine etwas zerknitterte Seite aus den Unterlagen, die Corssen ihm nach der Anmeldung gegeben hatte, und begann vorzulesen.

Die Regeln des Freude-Kreises

- Jedes Treffen einhalten, als ginge es um Leben und Tod.
- Den anderen nichts einreden und nichts ausreden.
- Keine Beurteilungen und keine ungefragten Ratschläge geben.
- Nur Gutes übereinander reden.
- Auf Sich-Beklagen verzichten und Negatives nicht als Du-Aussage, sondern in Ich-Form formulieren.

- Sich immer wieder auf das Ziel fokussieren: Warum treffen wir uns hier?
- Langsam sprechen. Jeder hat ungefähr die gleiche Redezeit.
- Größtmögliche Empathie und Ehrlichkeit.
- Sich selbst immer wieder in die Haltung der gehobenen Gestimmtheit bringen.
- Jeder ist gut so, wie er oder sie ist.
- Keine Einzeltreffen, es darf sich nur die Gruppe verabreden.
- Rund um die Treffen wird in einer gemeinsamen WhatsApp-Gruppe kommuniziert.

»Darf ich offen mit euch sprechen?«, fragte er in die Runde, nachdem er alles vorgelesen hatte, und fuhr nach Zustimmung aller fort: »Ich will euch nicht ärgern, aber ich muss das jetzt einfach loswerden, damit sich was ändert. Gerda, du redest ganz schön viel, während Klaus kaum ein Wort sagt. Britta, du bist sehr angriffig und strahlst irgendwie eine negative Energie aus. Über dich geredet hast du aber kaum. Hätten wir eine Strichliste für jedes kritische Wort und jeden schrägen Blick von dir gemacht, da wären ganz schön viel Striche zusammengekommen.«

Das Oberwasser, das Britta und Gerda glaubten, seit Beginn des Treffens zu haben, begann zu sinken. Die eine wäre wegen der erneuten Bloßstellung am liebsten im Erdboden versunken und die andere versuchte ihre Empörung stumm zu zügeln. Insgesamt herrschte fast eine halbe Minute lang betretenes Schweigen, bis Anna mit einem Grinsen sagte: »Das mit den Regeln haben wir echt verkackt.«

Ihre saloppe Bemerkung entspannte die anderen sichtlich. Deshalb nahm Anna allen Mut zusammen und sprach weiter: »Vielleicht starten wir einfach von vorn und erzählen ein bisschen was von uns.« Sie setzte sich aufrecht hin. »Meinen Namen kennt ihr ja schon. Ich bin vierundzwanzig Jahre alt und studiere Jura, stehe kurz vorm ersten Staatsexamen.« Im Dämmerlicht des Morgens bemerkte niemand, dass sie leicht errötete und den Blick senkte, weil es ihr ein bisschen peinlich war, so im Mittelpunkt zu stehen. Sie machte eine Pause und fuhr mit anfänglichem Stottern fort: »Ich … ich bin hier, weil … weil ich was in meinem Leben ändern will, aber nicht weiß, wie.« Anna nahm einen tiefen Atemzug. »Meine Eltern wollen, dass ich möglichst schnell meinen Abschluss mache. Aber wie soll das gehen, wenn die Welt gerade aus den Fugen gerät? Armut, Krankheiten, Kriege, Klimakrise, Ungerechtigkeit, Künstliche Intelligenz – da ist es doch sowieso sinnlos, noch einen Abschluss in Jura zu machen.«

Ein unangenehmes Gefühl machte sich in ihr breit, als ihr die letzte Auseinandersetzung mit ihrem Vater in den Sinn kam. »Was geht dich das Weltklima und der Krieg in anderen Ländern an?«, hatte er sie angeschnauzt. »Setz dich endlich auf deinen Hosenboden und mach deinen Abschluss, statt ständig rumzuprotestieren. In deinem Alter hätte ich sonst was dafür gegeben, dass meine Eltern mein Studium finanzieren. Aber wir hatten kein Geld. Und du nimmst alles, was ich aufgebaut habe, für selbstverständlich. Wie eine Prinzessin.«

Nach diesen Worten war Anna aus dem Haus gestürmt und zu ihrer heißgeliebten Patentante geflüchtet, die stets ein offenes Ohr für sie hatte, wenn die Eltern sie mal wieder nicht verstanden. »Am liebsten würde ich alles hinschmeißen«, hatte sie ihr unter Tränen gestanden. Worauf ihre Tante sie erst mal in den Arm nahm, bis sie sich wieder etwas beruhigt hatte. »Bist du denn überhaupt schon so weit in dein Leben eingestiegen, um alles hinzuschmeißen?« Anna hatte keine Antwort auf diese Frage gehabt, weshalb ihre Tante empfahl, sich nicht zu beklagen, sondern mehr auf das Schöne im Leben zu schauen. »Auf was denn?«, hatte Anna gefragt und als Antwort erhalten: »Das kannst du in Jens Corssens Freude-Kreis herausfinden.«

Anna hatte sich das irgendwie nett vorgestellt, mit ein paar Leuten übers Leben zu quatschen, gemütlich in einem Café. Aber jetzt, wo sie frierend mit diesen fremden Menschen zusammensaß, die eher zu ihren Eltern passten als zu ihr, war sie nicht mehr sicher, ob dieser Freude-Kreis – schon der Name klang so altmodisch – eine gute Idee für sie war. Dummerweise hatte sie ihrer Patentante versprochen, nicht aufzugeben, auch wenn es für sie schwierig werden würde.

»Keine Ahnung, ob ihr das verstehen könnt … Aber ich weiß schon gar nicht mehr, was ich selber will, weil andere mir dauernd eintrichtern, was ich tun soll.« Sie hob den Kopf und schaute mit fragendem Blick in die Runde. Aber niemand schien etwas sagen zu wollen. Also machte Anna weiter: »Manchmal würde ich am liebsten abhauen.«

»Wohin denn?«, fragte Sebastian, den dieser Gedanke anzog.

»Nach Rom.« Ein Strahlen zog über Annas Gesicht. »Da hab ich nach dem Abitur ein Jahr lang Au-pair gemacht und Kunst studiert. Die Italiener wissen einfach, wie man richtig lebt.«

Britta dachte an den Cappuccino, den sie jetzt so dringend gebraucht hätte. Die naive Offenheit dieses Mädchens war ihr irgendwie unangenehm. Gerda nickte Anna aufmunternd zu. Sie fand ihre Art erfrischend und fühlte sich an ihre eigene Tochter erinnert. Was die wohl gerade machte? Sie zwang sich, den Gedanken nicht weiterzuspinnen. Klaus biss sich auf die Lippen, weil ihn die Ehrlichkeit der jungen Frau beschämte. Sebastian saß einfach nur beeindruckt da. Annas Beitrag hatte ihn berührt.

»Und wieso seid ihr hier?«, fragte Anna.

»Ich mache hier mit«, sagte Sebastian, »weil ich mir schon eine ganze Weile vorkomme wie eine Maschine, die bloß noch funktioniert. Dabei müsste ich eigentlich dankbar sein.« Er zögerte kurz, überrascht von seinen klaren Worten, und fuhr, inspiriert von Annas Beispiel, fort: »Ich habe einen tollen Job, bin Geschäftsführer eines sehr erfolgreichen Start-ups, das ich mit gegründet habe. Ich habe eine wunderbare Frau und zwei großartige Kinder. Aber in letzter Zeit macht mir nichts mehr Spaß. Ich arbeite mehr als sechzig Stunden pro Woche. Wenn ich vom Büro nach Hause komme, sind die Kinder schon im Bett. Meine Frau macht mir Stress, weil sie endlich wieder als Yogalehrerin arbeiten will. Ich soll einen Teil der Care-Arbeit übernehmen. Aber wie?«

Er seufzte und fuhr sich dabei mit einer Hand durch die Haare. »Jeden Tag liegt eine Tonne Ärger auf meinem

Schreibtisch. Immer wieder Probleme mit der Lieferung unserer Produkte und in der Folge mit Kunden. Mitarbeiterkündigungen und und und. Egal, wie sehr ich mich reinhänge, das Elend hört nicht auf. Jede Kleinigkeit bringt mich innerlich auf die Palme.« Sebastian musste kurz schlucken. Es war anstrengend, sich dauernd zusammenzureißen, um nicht vor seiner Familie und den Mitarbeitenden zu explodieren. »Irgendwie erdrückt mich grade alles.«

Er hielt einen Moment inne und überlegte, ob er vor diesen wildfremden Menschen zugeben konnte, wie schlecht es ihm wirklich ging. Dass er keinen Appetit mehr hatte – weder aufs Essen noch aufs Leben. Er beschloss, aufs Ganze zu gehen. »Auf die meisten Leute wirke ich auf Zack, aber ich fühle mich ganz oft wie tot.«

Jetzt war es raus. Erleichterung machte sich in ihm breit. Vielleicht lag Jens Corssen, den er vor einem Monat aufgesucht hatte, ja doch richtig, als er sagte: »Ich glaube nicht, dass Sie eine Therapie, Antidepressiva oder ein Coaching brauchen. Was Ihnen guttäte, ist eine homöopathische Kur.«

»Was bitte?«

»Eine Kur, um wieder mehr Lebensfreude zu spüren.« Danach hatte ihm Corssen von dem Konzept des Freude-Kreises erzählt. »Die sechs Termine sind so wichtig«, hatte er hinzugefügt, »als ob es um Ihr Leben geht. Kein Auftrag, keine Party, noch nicht mal eine Beerdigung darf dazwischenkommen. Können Sie das einhalten?«

Sich einmal im Monat sonntagmorgens mit ein paar Leuten in der Natur treffen, dieses Versprechen schien Sebastian trotz seines enormen Arbeitspensums und der familiären Verpflichtungen machbar.

Die Haltung ändern

»Die Freude hat sich aus meinem Leben geschlichen«, klagt ein Unternehmer. Er fühlt sich schlapp und lustlos. Sein Hausarzt hat ihm viel Schlaf, mehr Bewegung an frischer Luft und möglichst viel Freude verschrieben. Ich erfahre von ihm, dass er schon seit Längerem die notwendige Problemeinsicht habe, aber alle guten Ratschläge nicht umsetzen könne. »Ich komme da nicht raus«, sagt er resigniert.

Mit folgenden Schritten ist es ihm mit meiner Hilfe gelungen, erst mal die Freude als Gegengewicht zu seinem beruflichen Stress wieder in sein Leben zu holen.

- Er akzeptiert, dass sein miserabler Zustand die Folge seiner ungünstigen Einstellung zum Leben, zu sich und anderen und dem daraus resultierenden Verhalten ist. Dieses Annehmen ist ein Prozess, der sich nach und nach entwickelt.
- Es gelingt ihm, sein Jammern allmählich zu reduzieren, indem er jeden Abend in seinem Entwicklungsheft auf einer Skala von 1 bis 10 festhält, wie gut es ihm gelungen ist, auf das Sich-Beklagen zu verzichten.
- Er notiert in seinem Heft, was ihm als Kind und auch noch später Spaß gemacht hat. Zum

Beispiel ausgehen, Krimis lesen und gutes Essen genießen. Eine schöne Zeit mit der Familie verbringen. Tischtennis spielen, Fahrradtouren und ins Fußballstadion gehen, auf Flohmärkten stöbern und alte Münzen kaufen …

- In seinen Handy-Kalender tragen wir gemeinsam ein, wann er welche dieser Freude-Aktivitäten verbindlich umsetzen wird. Er notiert sie als Businesstermine (»Treffen mit …«) und nicht als Freizeit. Mit diesem Trick fällt es ihm leichter, liebevolle Fürsorge für sich selbst zu tragen.
- Bei den Freude-Terminen muss er nicht unbedingt Spaß haben. Wichtig ist nur, dass er diese »Pflichtaufgaben« gewissenhaft erledigt, um in ein neues Erleben zu kommen. Meine Rolle dabei war es, ihn zu unterstützen, diese Selbstvereinbarung gegen seine zahlreichen inneren Widerstände (»Ich muss aber doch …«) diszipliniert einzuhalten.
- Neben diesen Überwindungsübungen, die ihn vom Wollen zum Tun brachten und damit seinen Erfahrungsschatz vergrößerten, beschäftigten wir uns ausführlich mit den ihn stark bestimmenden Annahmen, wie er, andere und das Leben sein müssen, und seiner daraus resultierenden Verstimmtheit. Seine Gedanken- und Verhaltensmechanik decodierten wir er-

folgreich und ersetzten sie mit der Zeit durch die lebensbejahende Haltung, in der man herausfordernde Situationen des Lebens als Lerneinheit und Wachstumsimpulse versteht und nutzt. Immer mit dem Ziel, in gehobene Gestimmtheit zu finden, die ein Schlüssel zur Lebensfreude ist.

- In diesem Prozess der Haltungs- und damit auch Verhaltensveränderung gelang es meinem Klienten, wieder einen Zugang zu sich selbst zu bekommen. Die angestrebte Zunahme von freudvollem Erleben stellte sich mit der Zeit von allein ein.

Alle hüllten sich erneut ein paar Minuten in Schweigen, bis Gerda beschloss, dass es an der Zeit war, weiterzumachen. »Also, ich bin hier, weil ich mich mit gleichgesinnten Suchenden umgeben möchte. Ich würde sagen, ich bin spirituell unterwegs und habe gelernt, achtsam zu sein. Bin schon stärker in der Gegenwart als früher.« Sie schloss ihre Vorstellung mit einem süffisanten Gesichtsausdruck: »In meinem handfesten Leben bin ich Taxifahrerin und habe als Alleinerziehende eine heute zwanzigjährige Tochter erfolgreich großgezogen. Das Leben war manchmal gut zu mir und hat mir manchmal übel mitgespielt. Aber wir lassen uns nicht unterkriegen. Oder?«

Weder bestätigte die Runde noch widersprach man ihr. Britta bemühte sich, nicht mit den Augen zu rollen, während alle darauf warteten, was noch kommen würde. Gerda war verunsichert. Ihr Lächeln erfror in der Kälte. Waren diese Leute hier am Ende total desinteressiert an einer Bewusstseinserweiterung? Sie nahm sich zusammen und sprach weiter: »Auf dem letzten Seminar, das ich bei Corssen gemacht habe, meinte er, eine solche Gruppe könnte mir guttun. Also hoffe ich, dass ich auch von eurer Erfahrung profitieren werde.«

Um zu vermeiden, Gegenstand einer Diskussion zu werden, fügte sie schnell hinzu: »Möchte sonst noch jemand was beitragen?« Gerda schaute zu Britta, die noch nichts gesagt hatte.

Britta setzte wieder ihr charmantes Lächeln auf: »Also, ich mache mit, weil ich dieses Gruppending spannend finde und mich darauf freue, etwas zu lernen und Neues zu erfahren.« Was redest du denn da?, ging ihre innere Stimme erneut dazwischen. Als der Wecker heute morgen läutete, hast du noch an deinem Vorhaben gezweifelt. Sie verstand selber nicht genau, warum sie trotzdem gekommen war und auch noch so ein positives Statement abgegeben hatte.

Gerda ist dann wohl die Gruppenmutti, dachte Klaus. Ihre esoterische Gefühlsduselei ging ihm genauso auf den Wecker wie Brittas Besserwisserei. Als Biologe war er an Fakten und Beweisen interessiert. Die Wissenschaft war für ihn wie ein Fundament, auf dem man im Leben sicher stand. Er konnte auch nichts mit Gerdas professioneller Freundlichkeit und ihrem offensichtlichen Sendebewusstsein anfangen. Das war doch nicht echt! Diese Frau redete viel, aber nicht über ihre Gefühle. Im Grunde war sie nicht anders als er, befand Klaus, sie machte nur mehr Lärm. Er seufzte leise. Wie sollte er dieses halbe Jahr, auch wenn man sich nur einmal pro Monat traf, bloß durchhalten? Nein!, rief er sich innerlich zur Ordnung. Er musste es schaffen. Das war das Mindeste, was er für seine Frau tun konnte, auch wenn es ihn wertvolle Lebenszeit kosten würde.

»Gut«, machte Gerda weiter. »Vielleicht sollten wir dann erst mal formulieren, wie sich jeder von uns nach diesen sechs Treffen fühlen will. Okay?«

Weil kein Einspruch kam, fing sie an: »Ich möchte mehr Lebensfülle spüren.«

»Also, ich wünsch mir, dass danach mehr los ist in meinem Leben«, warf Britta ein. »Und, wie willst du dich fühlen?«, wandte sie sich schnell an Klaus, weil sie fürchtete, ihre Antwort könnte für die anderen nicht genug sein.

»Ich will einfach nur meine Ruhe haben«, knurrte der.

»Und wie willst du dich später fühlen, Anna?«, fragte Gerda mit genervtem Gesichtsausdruck, weil ihr die offensichtliche Abwehrhaltung von Klaus langsam auf den Wecker ging.

»Keine Ahnung. Ich wäre schon happy, wenn ich mit euch herausfinde, was ich will.«

Sebastian beendete diese Runde. »Mein Ziel wäre es, nicht bloß einen Tag am Wochenende oder im Urlaub, sondern jeden Tag wieder mehr in die Freude zu kommen.«

Klaus, der sich schon die ganze Zeit darüber geärgert hatte, wie die anderen mit dem Begriff Freude um sich warfen, ohne genau die Bedeutung zu bestimmen, konnte nicht mehr an sich halten. Obwohl er sich vorgenommen hatte, zu schweigen, knurrte er in die Runde: »Vielleicht wäre es klug, erst mal zu definieren, was Freude überhaupt ist und wie sie sich von Glück unterscheidet.«

Vier erstaunte Augenpaare richteten sich abrupt auf Klaus, der sich bereits wieder im Schweigemodus befand.

Da kein anderer etwas vorbrachte, fühlte sich Gerda autorisiert, auf den Einwand von Klaus zu reagieren. Schließlich hatte sie während der Wartezeiten im Taxi jede Menge Bücher zum Thema Glück gelesen und hielt sich fast für so etwas wie eine Expertin. »Ich gebe dir recht, Klaus. Freude ist etwas ganz anderes als Glück«, dozierte sie.

»Wieso das denn?«, fragte Anna. Auch wenn sie als angehende Juristin dazu angehalten wurde, ganz präzise zu formulieren, konnte sie keinen Unterschied ausmachen. Bei allem ging es doch irgendwie darum, Spaß zu haben und sich wohlzufühlen.

»Für mich ist Glück ein ziemlich abgedroschenes Wort. Die meisten suchen das Glück im Außen: mein Auto, mein Haus, mein Boot.« Sebastian begleitete seine Worte mit einer abfälligen Handbewegung, weil ihm Angeber zuwider waren.

»Warum sind die Leute eigentlich nie zufrieden mit dem, was sie haben?«, fragte Anna und musste dabei an ihren Vater denken, der, seit sie sich erinnern konnte, fast immer nur geschuftet hatte. »Ich meine, was nützt einem das ganze Geld, wenn unser Planet dabei draufgeht?« Sie schaute betroffen von einem zum anderen.

Sebastian antwortete mit nachdenklichem Gesichtsausdruck: »Das Jagen nach immer mehr wird halt irgendwann zur Norm, zu einem Zwang, wenn man sich nicht bewusst macht, wie gut es einem eigentlich geht. Das ist wie bei Lottomillionären: Es gibt Statistiken, die sagen, dass die auf Dauer nicht glücklicher sind. Und warum ist das so?« Sebastian wartete erst gar nicht ab, bis jemand etwas sagte, sondern beantwortete seine Frage selbst. »Weil Glück einfach eher immateriell und kein Dauergefühl ist.«

»Das leuchtet mir ein«, warf Britta ein. »Habe ich mal Glücksgefühle, verschwinden die sofort, wenn mir etwas Unangenehmes passiert.« Sie konnte die Leere, die sich einstellte, sobald das Hochgefühl nachließ, förmlich am ganzen Körper spüren.

Klaus bemühte sich erst gar nicht, dieser unsinnigen Diskussion zu folgen. Er hatte weder zu Glück noch zu Freude eine Meinung. Höchstens zu Pech, aber das wollten die anderen bestimmt nicht hören.

»Und was ist jetzt der Unterschied zur Freude?«, fragte Anna.

»Na ja«, warf Gerda ein, »Freude ist eher eine hohe Schwingung, man nennt das Kohärenzgefühl, gut messbar im Gehirn.«

Klaus spitzte die Ohren. Eine solche Behauptung konnte man doch nicht unbelegt stehen lassen.

Sebastian gefiel diese Vorstellung einer Freude-Schwingung, allein der Gedanke erzeugte ein Kribbeln in seinem Bauch. »Aber wie schaffe ich es, in diesen Zustand zu kommen?«, fragte er.

»Ich freue mich am meisten«, sagte Gerda, »wenn das eintritt, was ich mir vorgestellt habe. Oder wenn mein Ego poliert wird«, ergänzte sie mit einem Grinsen.

»Ich glaube, ich versteh den Unterschied allmählich«, murmelte Anna mehr vor sich hin als an die anderen gerichtet. »Jemand, der unbedingt reich sein will, denkt, er kann erst glücklich sein, wenn er das erreicht hat. Aber einer, der sich schon reich fühlt, kann sich freuen, auch wenn er wenig Geld hat.«

»Irgendwie kommen wir noch ganz schön ins Schwimmen, wenn es um die Definition von Glück und Freude geht«, fasste Sebastian das Gespräch zusammen.

»Was haltet ihr davon, wenn einer von uns Corssen schreibt und ihn zum Thema Glück und Freude befragt?«, schlug Gerda vor. »Wer macht's?« Sie schaute zu Sebastian, dann zu Britta, Anna und Klaus, an dem ihr Blick schließlich hängen blieb. Der sah sofort weg. Nein, eine E-Mail würde er auf keinen Fall schreiben.

»Ich mach's«, meldete sich Anna, weil sie wollte, dass die anderen endlich aufhörten, auf Klaus rumzuhacken. Er wirkte so traurig. Aber keinem schien das aufzufallen. Das tat ihr leid.

Auf einmal war Stimmengewirr zu hören. Gerda reckte den Kopf und sah, wie drei Männer, die Müllsäcke trugen und sich lautstark lachend unterhielten, den Weg zum Monopteros hochkamen. Als sie die Gruppe entdeckten, verstummten sie. Einer nickte zur Begrüßung und trat näher. Er bückte sich nach den Dosen und Flaschen, die die fünf zu Beginn des Treffens an einer Säule abgestellt hatten, und packte alles in seinen Müllsack. Gleich darauf verschwanden die Männer so schnell, wie sie gekommen waren.

»Gut. Wollen wir noch einen Versuch starten, mehr ins Hier und Jetzt zu kommen?«, fragte Sebastian. Nach all den Gesprächen spürte er ein tiefes Bedürfnis nach Ruhe und Frieden. Außerdem war der anbrechende Wintermorgen fast magisch. »Ich hab mal ein Jahr in Indien verbracht und meditieren gelernt. Vielleicht machen wir eine Atemübung. Wollt ihr?«

Die vier anderen nickten verhalten, aber einhellig.

Verstimmtheit frisst Energie

Wenn alles so ist, wie wir es uns vorstellen, empfinden wir das Leben als angenehm, also kohärent. Dann ist das Gehirn entspannt und in Harmonie und verbraucht viel weniger Energie als im inkohärenten Zustand, also verstimmt und unzufrieden. In Kohärenz und damit auch in gehobene Gestimmtheit bringen wir uns, indem wir jeder Situation des Lebens eine Bedeutung geben. Indem wir sagen: Die Situation ist mein Coach und das, was ist, eine Lerneinheit für meine angestrebte Selbstentwicklung. Wer sich in diesem Lernkontext befindet, ist nicht mehr im Widerstand gegen das Leben, gegen andere und sich selbst.

Der Mensch ist nur da ganz Mensch, wo er spielt, schoss es Britta durch den Kopf. Diesen Sinnspruch des Dichters Friedrich Schiller hatte sie heute auf dem Weg von der Trambahn zum Monopteros auf einem Kanaldeckel gelesen und an nichts anderes mehr denken können als an die

Frage: Wann habe ich eigentlich das letzte Mal gespielt? Sie konnte sich nicht daran erinnern.

»Das Problem ist das Ego, weil es uns ständig antreibt, nach mehr, mehr und mehr, und wir uns dabei selber verlieren«, brachte Gerda ein. »Unser Ego ist halt nur auf Überleben ausgerichtet und setzt alles daran, das auch zu schaffen. Ich war mal auf einem Retreat, da hat jemand behauptet, dass man das Ego töten muss, um wirklich glücklich zu sein.«

Sie stutzte. Machte das überhaupt Sinn, was sie eben gesagt hatte? Musste man gleich so radikal vorgehen? Klar, der Begriff Ego wurde oft negativ, fast wie ein Schimpfwort verwendet. Leuten, die sich nur um sich selbst kümmerten, sagte man ein Riesenego nach oder nannte sie Egoschwein. Aber hatte das Ego nicht auch gute Seiten, seine Berechtigung im Lebenskampf?

Gerdas Gedanken wurden von einem Hund unterbrochen, der sich auf leisen Pfoten heranschlich. Sein Fell war kurz geschoren und seine Rasse nicht auszumachen. Alle beobachteten, wie er mit aufgestellten Ohren an einer der Säulen schnupperte.

»Wir haben wohl ein weiteres Gruppenmitglied bekommen«, sagte Sebastian. Er beugte sich vor und griff nach einem Keks, den er dem neugierigen Kerl hinstreckte. Der Hund zögerte ein paar Sekunden, dann kam er in einem Wechsel aus vorwärts, stehen bleiben und rückwärts langsam näher. Er schnappte sich die Beute und zog sich damit in einigem Abstand zwischen zwei Säulen zurück.

»Wo waren wir stehen geblieben«, nahm Sebastian den Gesprächsfaden wieder auf. »Ach ja, ich wollte gerade sagen, dass es vielleicht gar nicht darum geht, ob das Ego gut oder böse ist. Mein Ego tritt mir zum Beispiel jeden Morgen um sechs Uhr freundlich in den Hintern, damit ich aufstehe und mich um die Familie und die Firma kümmere. Ohne dieses Ego, das mich antreibt, würde ich wahrscheinlich einfach liegen bleiben.«

Die anderen nickten wissend, weil sie sich alle schon oft genug von ihrem Ego hatten anschubsen lassen.

»Allerdings würde ich gern schneller merken«, ergänzte Sebastian, »wenn das Ego das Ruder übernimmt, und dagegensteuern.« Denn genauso fühlte er sich die meiste Zeit: gepeitscht von einem Antrieb, über den er keine Kontrolle mehr hatte. Das Ego zu töten, war für ihn tatsächlich gerade eine angenehme Vorstellung. Er zuckte mit den Achseln und sagte: »Aber ich weiß nicht, wie.«

»Vielleicht muss man dem Ego, was ja nur seinen doofen Überlebensauftrag erfüllt, etwas Schönes entgegensetzen«, ergänzte Anna und musste an die Lebensart der Italiener denken. Nur arbeiten und Geld verdienen, wie ihr Vater es machte und auch von ihr verlangte, konnte doch nicht alles sein. Insgeheim sehnte sie sich nach etwas, das sie aus der Schieflage befreite, in der sie sich befand. Seit Ende des Grundstudiums lagen ihre Eltern ihr dauernd in den Ohren wegen ihrer beruflichen Zukunft. Wenn es zu Hause richtig schlimm war, half nur, die Kopfhörer aufzusetzen und zu zeichnen. Das hatte sie schon in der Schule am liebsten getan.

Ego und Selbst

Ich meditiere seit einigen Jahren, nicht täglich, aber ich bleibe dran, weil ich diesen zwanzigminütigen Rückzug in mich selbst sehr mag. Zu meiner Meditationstechnik gehört es, dass ich dabei die Augen schließe. Nur während der ersten Minute öffne ich sie zweimal für einige Sekunden. Das hilft mir, die gegenwärtige Außenwelt von meiner Innenwelt zu unterscheiden.

Vor ungefähr zwei Jahren hatte ich dabei eine für mich sehr hilfreiche und nachhaltige Erkenntnis: Während der anfänglichen Augen-auf-Phasen schaute ich zum ersten Mal ganz bewusst auf das zwei mal ein Meter große Bild, das mein Freund Ernst Handl, ein Berliner Künstler, von mir in Ölfarbe gemalt hat. Im Vorgespräch hatte er sich besonders für meine sportlichen und beruflichen Erfolge interessiert. Nicht ohne Grund, wie sich später herausstellte. Mein Porträt in Heldenpose bestückte er mit kleinen Orden, wie sie das Militär trägt, die meinen Erfolg symbolisieren sollten. Dazu malte er mich mit verschränkten muskulösen Armen und einem leicht überheblichen Gesichtsausdruck. Meine Frau findet mich auf diesem Kunstwerk echt unsympathisch. »Häng es ab!« Das hat sie mir mindestens schon dreimal gesagt. Sie weiß ja nicht, dass ich dieses Porträt für meine Meditation nutze. Die Augen kurz geöffnet, schaue ich auf mein kämpferisches und zielorientiertes Ego. Ein Macher. Danach halte ich die Augen für zwanzig Minuten geschlossen. In aufrechter Haltung, bewusst und ruhig atmend, ein leichtes Lächeln auf den Lippen, komme ich in eine andere Gefühlswelt, friedlich und verbunden mit allem. Das bin ich im Selbst, sozusagen als unpersönliches Wesen. Diese klare Unterscheidung zwischen Ego und Selbst habe ich während der Meditationen intensiv erfahren. Das hat mich meinem Ego nähergebracht.

Nein! Ich muss es nicht vernichten, um dem Glück begegnen zu können. Im Gegenteil! Ich bin ihm dankbar, dass es mich durch Dick und Dünn geführt und mich angetrieben hat, mich zu überwinden, zu lernen, Prüfungen zu bestehen, Geld zu verdienen, trotz Niederlagen weiterzumachen, mich zu wehren oder zu verstecken. Und das alles im Dienst des erfolgreichen Überlebens. Ich fühle mich jedoch den Egomechanismen immer weniger ausgeliefert. So bleibe ich letztlich der Boss meines Handelns. Das Ego hat den biologischen Auftrag, mich am Leben zu erhalten, mich abzusichern. Was Glück ist, weiß es nicht. Also befreie ich es davon, sich darum zu kümmern. Deshalb ist man auf dem Holzweg, wenn man mit schlauen Egostrategien das Glück einfangen will. Der beste Beweis dafür ist, dass Reichtum und Macht nicht automatisch glücklich machen, weil das Ego in seinem Sicherheitsstreben nie zufrieden ist. Es will immer mehr.

Also: Mein Ego hilft mir zu überleben. Danke! Das Selbst bringt mich in Verbundenheit und Fülle. Und beides erlebe ich, wenn ich in der Stille bin. Dieses Urgefühl von Nicht-getrennt-Sein, sich mit allem verbunden zu fühlen, das ist für mich Glück.

Sebastian sah auf die Uhr. Schon nach acht Uhr. Die Sonne war bereits aufgegangen und hinter den Büschen wurde es langsam hell. Er stand auf und sagte: »Bitte setzt euch in Richtung Osten und atmet in diesen schönen Moment hinein.«

Oh Gott, dachte Klaus und wünschte sich, er wäre der Hund. Der lag entspannt auf seinem Platz zwischen den Säulen, die Schnauze auf den Pfoten ruhend, während er die fünf mit einem beinahe schläfrigen Blick im Auge behielt.

Als sich endlich alle mit ihren Decken und Kissen zwischen den Säulen des Tempels umpositioniert hatten, begann Sebastian hörbar ein- und auszuatmen. Dazwischen erklärte er: »Beim Einatmen bis vier zählen. Die Luft kurz anhalten. Und beim Ausatmen bis sechs zählen. Wieder kurz die Luft anhalten. Ihr könnt dabei die Augen auflassen oder schließen. Wie ihr wollt. Das machen wir jetzt eine Weile, bis ich sage, dass Schluss ist.«

Anna tat es Sebastian sofort nach und schloss die Augen. Meditation kannte sie schon und wusste, dass es wirkte. Allerdings fiel es ihr schwer, sich gleichzeitig auf das Zählen und Atmen zu konzentrieren. Hundert Gedanken sprangen in ihrem Kopf hin und her: an die Party bei Oliver heute Abend und die Frage, ob sie da überhaupt hingehen sollte, wo sie doch eigentlich lernen müsste. An ihren Kater Diesel, den sie als Kind bekommen hatte, und der sich in den letzten Tagen mehrfach übergeben hatte. Seit fast siebzehn Jahren begleitete er sie durchs Leben. Sie hatte ihn Diesel getauft, weil er schon als Kätzchen schnurrte, als hätte er einen Motor. Einatmen. Ausatmen. Eigentlich ganz schön, dass die anderen sie so nahmen, wie sie war. Und nicht dauernd an ihr rummäkelten wie ihre Eltern. Sie dachte an den Zeichenkurs in Paris, den sie gern machen wollte, der aber so teuer war, dass sie sich das nicht leisten konnte. Und ihr Vater würde bestimmt nicht … Einatmen. Ausatmen. Wieso wollte er einfach nicht verstehen, dass ihr das Zeichnen wichtig war. Mitzählen, Anna, ermahnte sie sich. Eins, zwei, drei, vier. Pause. Eins, zwei, drei, vier, fünf, sechs. Pause. Das bremste ihre Gedanken für einen kurzen Moment wieder aus.

Klaus lugte zu Anna, die er als Einzige ganz sympathisch fand. Er war neidisch auf ihren entspannten Gesichtsausdruck und hätte auch gern so im Hier und Jetzt gesessen. Oh Mann, jetzt dachte er schon wie die! Er schloss die Augen wieder und vergaß zu atmen, weil er in der

Stille die Last, die ihn seit Wochen fast erdrückte, stärker spürte. Stoisch fokussierte er sich auf seinen Atemrhythmus. Viermal ein. Pause. Sechsmal aus. Pause. Irgendwann fühlte sich die Last für einen kurzen Augenblick leichter an. Klaus hätte nicht sagen können, ob eine Minute oder zehn Minuten vergangen waren. Vor lauter Überraschung vergaß er weiterzuzählen.

Das kann doch nicht sein, dachte Britta und hatte Mühe, sich zu konzentrieren. Zum Meditieren hätte sie auch in einen Yogakurs gehen können. Aus dem Augenwinkel beobachtete sie, wie Klaus in den roten Morgenhimmel starrte und dabei wirkte, als würde er gar nicht atmen. Sie schaute zu Sebastian, der aussah, als würde er das jeden Tag machen. Es schien ihm kein bisschen was auszumachen, hörbar zu atmen. Britta wäre so ein Geschnaufe sehr unangenehm und viel zu intim gewesen. Sie war so beschäftigt, leise zu sein, dass sie einfach keinen Atemrhythmus fand. Ein paar Sekunden gelang es ihr, bewusst zu atmen und zu zählen. Bis Sebastians Atem sie wieder rausriss. Gleichzeitig fand sie es irgendwie beruhigend, die anderen zu hören. Die Stille bei ihr zu Hause bedrückte sie oft, da half es auch nicht, das Radio anzumachen. Je mehr sie sich auf die Atmung der anderen konzentrierte, desto ruhiger wurde sie. Hätte Gerda sie jetzt noch mal gefragt, warum sie in dieser Gruppe war, hätte sie ehrlicherweise antworten müssen: »Weil ich nicht mehr so oft allein sein will.«

Gerda war froh, schon öfter meditiert zu haben. So musste sie sich nicht wie eine Anfängerin fühlen, auch wenn es ihr gerade nicht gelang, in die Ruhe zu kommen.

Sie rutschte auf ihrem Platz hin und her, weil keine Position bequem war, und öffnete kurz die Augen. Alle anderen schienen ganz ruhig, sogar Klaus. Wie viel Zeit war eigentlich vergangen? Das mussten doch mehr als zehn Minuten sein? Oder kam ihr das nur so lang vor, weil ihre Gedanken ständig abschweiften? Sie schaute zu Sebastian. Wann machte er denn endlich Schluss?

Sebastian genoss die friedliche Stille. Alle schienen sich etwas entspannt zu haben. Ein paar Minuten später öffnete er die Augen und sagte: »Kommt dann bitte langsam zu einem Ende.« Er stand auf und streckte sich. Der Bodennebel auf der Wiese hatte sich beinahe aufgelöst. Immer mehr Krähen pickten dort unten aufgeregt in der Erde. Der weiße Kalkstein der Tempelsäulen war von der Sonne rosa gefärbt. War Morgenrot jetzt ein Schönwetter- oder ein Schlechtwetterbote?, ging Sebastian durch den Kopf. Er wusste es nicht mehr.

Langsam kam Bewegung in die Gruppe.

»Will noch jemand etwas sagen, bevor wir unsere Zelte abbrechen?«, fragte Gerda.

Kopfschüttelnd packten alle ihre Sachen zusammen. Der Hund erhob sich mit einem Gähnen und dehnte behäbig seinen Rücken. Dann trabte er davon, ohne sich noch einmal umzudrehen.

»Gut, dann machen wir Schluss für heute.« Gerda bückte sich, sammelte die leeren Becher ein und packte sie zusammen mit der Thermoskanne in ihren Rucksack.

»Ach ja«, sagte sie beim Hochkommen, »ich hätte noch eine Idee für das nächste Mal. Wir könnten doch in den Eisbach gehen.« Über den Trend des Winterbadens hatte sie kürzlich in einer Psychologiezeitschrift gelesen und danach totale Lust gehabt, das mal auszuprobieren. Aber ein Kurs bei dem Experten war ihr zu teuer. Sie legte all ihre Überzeugungskunst in ihre Stimme: »Das eiskalte Wasser ist kombiniert mit einer speziellen Atemtechnik nicht nur gut fürs Immunsystem, sondern kann auch die Geisteshaltung nachhaltig positiv beeinflussen. Man zahlt damit aufs Konto der Freude ein.«

Klaus dachte an seine Grundausbildung beim Militär. Da hatte er als Zwanzigjähriger nicht nur einen Dreißig-Kilometer-Marsch gemacht, sondern auch mitten im Winter einen Fluss in voller Montur durchquert. Damals liebte er körperliche Herausforderungen und empfand sie als Training in Sachen Willenskraft und Selbstüberwindung. Als zwei seiner Kameraden kneifen wollten, half er ihnen, durch den eiskalten Fluss zu kommen. Das war ein wunderbares Gefühl gewesen. Er war immer noch mit den Jungs befreundet, sie trafen sich seit vierzig Jahren jedes Jahr. Er rechnete im Kopf zurück und stellte fest, dass sie sich dieses Jahr noch gar nicht gesehen hatten. Auch da war das verdammte Leben dazwischengekommen.

»Du spinnst doch!«, platzte Britta heraus. »Wer geht denn im Dezember ins Wasser?!« Sie war fast froh darüber, dass es Winter war. So konnte sie sich aufs Wetter rausreden und musste nicht zugeben, dass sie höllische Angst vor Wasser hatte. Selbst auf der Karibikreise, die sie mit ihrer Mutter kurz vor deren Tod gemacht hatte, war sie nur bis zu den Knien ins Meer gegangen, obwohl es warm und wunderbar türkis war. Für kein Geld der Welt würde sie in einen eiskalten, dunklen Bach steigen.

Gerda zügelte ihre Lust, Britta zurechtzuweisen. Wie konnte diese Frau nach dem schönen Morgen in der Natur nur so unentspannt sein?

»Ich bin dabei«, sagte Sebastian. Seine Wangen waren rot von der Kälte, und er fühlte sich seit Langem mal wieder richtig lebendig, obwohl er diese Nacht keine fünf Stunden geschlafen hatte. Das lag bestimmt an der frischen Morgenluft. Wann war er schon mal so lange im Freien? Sonst saß er ja meist den ganzen Tag nur im Büro.

Er blickte sich um. Es war verdammt schön im Englischen Garten. Eine Oase der Ruhe mitten in der Großstadt, gerade in der Übergangszeit von Herbst zu Winter. Weil das Wetter sehr mild gewesen war, zeigten die Bäume noch ein Feuerwerk an Farben. Wie er diese Jahreszeit liebte!

Der Park war, wie er nachgelesen hatte, im selben Jahr angelegt worden, in dem auch die Französische Revolution stattfand. Komischer Zufall. Wieso kam er eigentlich nicht öfter hierher? Von seiner Wohnung hatte er es nicht weit. Er atmete tief durch und nahm sich vor, solche schönen Momente häufiger zu sammeln.

Klaus hingegen überlegte fieberhaft, unter welchem Vorwand er das nächste Mal schwänzen könnte. Aber wie das Regelwerk besagte, schien nicht mal ein Todesfall als Entschuldigung zu gelten. Was für eine Ironie!

»Ich würde vielleicht mitmachen«, sagte Anna, während sie in ihrer Tasche nach ihrem Fahrradschlüssel suchte. Sie war dem Eisbaden nicht völlig abgeneigt. Das werde ich beim nächsten Mal spontan entscheiden, dachte sie und machte sich eine Notiz im Kopf, neben Keksen auch Badeanzug und Handtuch einzupacken.

»Kann ich jemanden mitnehmen?«, fragte Gerda und ergänzte mit einem Grinsen: »Freie Fahrt! Mein Taxi steht um die Ecke auf einem Geheimparkplatz.«

Britta hatte eigentlich keine Lust auf eine Fahrt mit Gerda, aber der Gedanke, inmitten von Sonntagsausflüglern in der Trambahn zu sitzen, änderte ihre Meinung. »Ich muss in den Westen der Stadt. Wenn das auf deinem Weg liegt, komm ich mit.«

»Also dann, bis zum nächsten Mal«, verabschiedete sich Sebastian, als alle aufbruchsbereit waren. Klaus, der sich bereits auf dem Weg vom Monopteros nach unten befand, weil es bald neun war und er kein Geld in die Parkuhr geworfen hatte, hörte gerade noch, wie Gerda sagte: »Dann treffen wir uns das nächste Mal beim Eisbach, am Wasserfall.« Das Winterbaden, dachte er, würde ihm sogar Spaß machen. Aber er hatte nicht vor, ein weiteres Mal teilzunehmen.

In der Zwischenzeit

Britta – einen Tag nach dem ersten Treffen

Sieben Uhr dreißig. Noch eine Viertelstunde, bevor Britta zur Arbeit aufbrechen musste. Sie schenkte sich eine Tasse Kaffee ein und blätterte im Stehen das Mäppchen auf dem Esstisch durch, das ihr Corssen nach der Anmeldung geschickt und dem sie bisher keine große Beachtung geschenkt hatte. Sie überflog die Unterlagen, die einige Informationen zum Thema Bewusstes Leben sowie zur Organisation des Freude-Kreises enthielten. Vielleicht hätte sie sich für das gestrige Treffen besser vorbereiten sollen? Ihr Blick blieb an einigen der Regeln hängen, die sie irritierten.

- Den anderen nichts einreden und nichts ausreden.
- Keine Beurteilungen und keine ungefragten Ratschläge geben.
- Nur Gutes übereinander reden.
- Auf Sich-Beklagen verzichten, Negatives nicht als Du- sondern als Ich-Aussage formulieren.

Wenn man das alles genau befolgte, worüber konnte man sich dann eigentlich noch unterhalten? Die Treffen mit ihren Mädels waren bestimmt davon, sich detailreich über alles, was in ihrem Leben passierte, auszutauschen und aufzuregen: den Stress in der Arbeit, die Ehemänner oder Dates, das Regenwetter, das minderwertige Hotel im Urlaub. Das schlechte Essen oder die unmöglichen Tischnachbarn im Restaurant. War das schon Sich-Beklagen oder nur ein Tratsch unter Freundinnen? Wenn sie nur eine ihrer Freundinnen traf, zogen sie meist über die her, die gerade nicht dabei waren. Und was war, wenn sie sich gegenseitig die Meinung sagten, weil sie falsch fanden, was die andere tat: War das dann eine ungefragte Einmischung? Oder eher Sorge um die Freundin?

Sie trank einen Schluck Kaffee. Dabei fiel ihr wieder ein, was Sebastian ihr vorgeworfen hatte. War sie wirklich eine Meckerliese? Konnte man ihr es nicht recht machen? Diese Kritik hatte Britta nicht kaltgelassen. Im Nachhinein ärgerte sie sich darüber, nicht sofort schlagfertig reagiert zu haben. Überhaupt hätten wir viel eher und ausführlicher über diese Regeln reden müssen, empörte sie sich. Aber Sebastian hatte alles viel zu schnell vorgelesen.

Warum ärgerte sie sich eigentlich so über seine Bemerkung? Er konnte ihr doch egal sein. Sebastians Strichliste kam ihr in den Sinn. Vielleicht sollte sie das ausprobieren. Eine Bestandsaufnahme machen, allein schon, um ihm das Gegenteil zu beweisen. Sie beschloss, ab jetzt darüber Buch zu führen, wie oft am Tag sie sich über das Leben beklagte oder über andere oder sich selbst schimpfte. Sie legte in ihrem Handy eine Notiz an und schrieb als Überschrift:

Meine Beschwerdeliste. Jedes Mal würde sie einen Strich machen, wenn sie ungefragt ihren Senf zu etwas dazugab, rumjammerte, andere kritisierte, mit den Augen rollte, sich mit anderen verglich oder sich niedermachte.

Die anderen waren bestimmt nicht so gewissenhaft bei der Sache wie sie jetzt, dachte sich Britta, und setzte verärgert den ersten Strich für ihren ersten gedanklichen Regelbruch.

Gerda – einen Tag nach dem ersten Treffen

Sie und zu viel gequatscht! Gerda spürte noch immer die Empörung über Sebastians Worte. Bisher waren ihre Beiträge in Seminaren und Workshops immer erwünscht gewesen. Oft genug überbrückte sie damit Gesprächspausen oder half den Leuten auf die Sprünge. Sie trommelte mit den Fingern auf dem Lenkrad herum. War das schon Ton angeben? Sie schob den Gedanken beiseite. Schließlich plagten sie gerade andere Sorgen. Zum wiederholten Mal wartete sie seit Mittag am Standplatz vergeblich auf Kundschaft. Lag das daran, dass heute Montag war? Oder dass das Geschäft generell schlechter geworden war? Dem Gejammere der Kollegen nach zu urteilen schon. Auch ihr Umsatz ging zurück. Ganz zu schweigen vom Trinkgeld. Waren die Leute geiziger geworden?

Ein Gutes hatte die Flaute allerdings, denn zumindest konnte Gerda über das erste Treffen des Freude-Kreises nachdenken. Seltsamerweise hatte sie sich danach nicht besonders gut gefühlt. Dabei hätte eigentlich das Gegenteil der Fall sein müssen. Sie war sicherlich am weitesten in der Gruppe, was Bewusstseinsarbeit anging. Konnte wichtige Beiträge leisten, was die anderen bestimmt nicht von einer Taxifahrerin erwartet hatten. Trotzdem war sie unzufrieden. Warum eigentlich?

Vielleicht war es Zeit für das Buchorakel. Sie griff nach dem Band mit den vielen Klebezetteln, der auf dem Beifahrersitz lag, und schlug eine beliebige Seite auf. Unzufriedenheit ist die Folge von negativen Gedanken, las sie. Die meisten Menschen wollen Gefühle wie Traurigkeit, Wut oder Angst nicht gern zulassen. Dabei sollten sie dankbar dafür sein. Denn diese Emotionen sind eine Art schützendes Warnsignal, um uns auf etwas aufmerksam zu machen, das uns missfällt. Ein solches Störgefühl will uns achtsam machen, ins Handeln bringen. Leider haben viele Menschen den Zugang zu ihren Gefühlen aus den verschiedensten Gründen verlernt.

Klaus – einen Tag nach dem ersten Treffen

»Wie war's eigentlich gestern, Liebling?« Seine Frau setzte sich aufs Sofa, wo es Klaus sich gerade bequem gemacht hatte, um sich vor dem Abendessen noch ein bisschen von einem langen Tag im Labor auszuruhen. Er machte seine Arbeit als Biologe nach so vielen Jahren sehr routiniert, aber es kostete ihn mehr Mühe als früher, sich zu konzentrieren.

»Geht so«, antwortete er einsilbig und verschanzte sich hinter seinem Wissensmagazin, in der Hoffnung, seine Frau würde aufgeben. Er war ihr schon den ganzen Sonntag aus dem Weg gegangen. Aber wie es aussah, würde sie nicht lockerlassen.

»Was liest du denn da?«, fragte sie. Weil er nicht antwortete, las sie die Titelstory des Heftes laut: »Gehirn und Glück.« Mit verdutztem Gesicht sagte sie: »Seit wann interessierst du dich denn dafür?«

»Seit wann geht dich das was an?«, bellte Klaus zurück. Gleich darauf tat ihm seine harsche Reaktion leid. Das hatte seine Frau nicht verdient. Sie war seit fast dreißig Jahren an seiner Seite und kümmerte sich liebevoll um ihn. Doch in letzter Zeit war er von allem und jedem genervt, auch von seiner Frau, die sich wortlos erhob und in der Küche verschwand. Klaus entging nicht die Enttäuschung, die ihr ins Gesicht geschrieben stand. Aber was hatte sie erwartet? Dass er nach zwei Stunden Freude-Kreis wie ausgewechselt war? Dass alles wieder gut sein würde? Es würde nie mehr alles gut sein.

Sein Blick wanderte im Wohnzimmer umher. Wie hatten sie gemeinsam geschuftet, um diese Wohnung zu kaufen und herzurichten. Wie stolz waren sie beide gewesen, das gemeinsam geschafft zu haben. Und jetzt sollte das alles vorbei sein?

Er lenkte seine Aufmerksamkeit mit aller Kraft zurück auf das Wissensmagazin, das er heute Morgen am Bahnhof gekauft hatte, weil ihm Gerdas Bemerkung, Freude sei eine hohe Schwingung, die man im Gehirn messen könne, nicht mehr aus dem Kopf gegangen war.

Glück findet im Gehirn statt, lautete die Überschrift des Artikels, den er gerade angefangen hatte zu lesen, als seine Frau hereingekommen war. Er stieg erneut in den Text ein: Freude ist eine Grundemotion wie Traurigkeit, Angst und Wut. Wir spüren sie körperlich – etwa durch ein Kribbeln im Bauch oder einen erhöhten Herzschlag. Dieses Gefühl wird im Gehirn durch Endorphine und Dopamin erzeugt, wenn wir etwas Schönes erleben. Das Belohnungszentrum im Gehirn springt an und schüttet diese Glückshormone aus, die über Nervenimpulse in den vorderen Gehirnbereich, das Stirnhirn, gelangen. Passiert das, können wir die Glücksgefühle noch dankbarer genießen. Kann man Glück also aktiv beeinflussen? Ja! Zum Beispiel mit Achtsamkeitstraining. Atemübungen und Meditation können die sogenannte Neuroplastizität erhöhen, das ist die Fähigkeit des Gehirns, immer wieder neue neuronale Verbindungen herzustellen und sich damit umzubauen. Man könnte also auch salopp sagen: Man kann das Gehirn in hohe Schwingung versetzen.

Klaus ließ das Magazin auf seine Brust sinken und schloss die Augen. Er hätte nicht gedacht, dass Gerda richtiglag. Nachdenklich strich er sich mit einer Hand übers Kinn. War der Moment der Leichtigkeit, den er während Sebastians Atemübung gespürt hatte, Glück gewesen? Er machte die Augen zu und konzentrierte sich auf seinen Atem. Viermal ein. Pause. Sechsmal aus.

Anna – zwei Tage nach dem ersten Treffen

Um zehn Uhr vierzig saß Anna in einer drögen Vorlesung über Verwaltungsrecht, als ihr Handy brummte. Sie sah auf das Display: eine neue Mail. Kaum hatte sie das Programm geöffnet, entdeckte sie die Antwort von Jens Corssen auf die Frage, worin der Unterschied zwischen Freude und Glück läge. Er hatte auch an die anderen geschrieben. Anna las einmal über die Mail, dann ein zweites Mal, weil sie so überrascht über die persönlichen Erfahrungen war, die Corssen mit ihnen teilte:

Ich bin in unterschiedlichen Gefühlswelten, wenn ich Freude, Glück und Zufriedenheit empfinde und erlebe. Ich freue mich zum Beispiel darüber, wenn ich etwas gut hinbekommen habe oder gelobt werde. Wenn ich mit meinen Freunden am Stammtisch herzlich lache. Wenn mir das Essen besonders gut schmeckt. Wenn ich etwas geschenkt bekomme, das ich mir lange gewünscht habe. Wenn ich mich überwunden habe, etwas Unangenehmes zu tun.

Ich bin glücklich, wenn ich mich beim Meditieren vergesse und mich mit allem verbunden fühle. Ähnliche Gefühle des Nicht-getrennt-Seins habe ich auch, wenn es mir gelingt, mich zum Beispiel auf einer Parkbank im Englischen

Garten oder beim Schwimmen im See nur auf meine Sinneswahrnehmung zu konzentrieren. Die Welt um mich herum also nur über Hören, Spüren, Sehen, Riechen und Schmecken zu erfahren. Dieses paradiesische Gegenwartserleben – ohne gedankliche Egobeiträge – kann ich leider nicht lange halten.

Zufriedenheit ist für mich ein gedankliches Produkt. Wenn ich mit den Gesetzen des Lebens und dem ewigen Wandel meinen Frieden gemacht habe, entscheide ich mich damit für eine lebensbejahende Haltung. Dann bin ich friedlich. Das heißt jedoch nicht, dass ich mich nicht mehr ärgere oder traurig bin. Aber diese Gefühle lösen sich durch meine gehobene Gestimmtheit schnell auf. Dieser Zustand der Zufriedenheit erleichtert das Erleben von Freude und Glück. Wer sich im permanenten Widerstand gegen das, was ist, befindet, pflegt ein freudloses Dasein.

Diese Seinsgefühle, die ich mir täglich kurz erschaffe, haben mit der Zeit meine Gedanken- und Erlebniswelt positiv verändert. Das mich verstimmende Mangeldenken wird zunehmend ersetzt durch das Gefühl, in der Fülle zu leben, und durch die Dankbarkeit, in diesem erfrischenden Lebensfluss baden zu dürfen. Aufgepasst: Ich rede hier nicht von der Art Leben, das wir Menschen uns erschaffen haben. Sondern von der Schönheit und den Wundern des Lebens an sich. Sozusagen ohne unsere persönlichen Zutaten, die unser Ego zu dem, was ist, hinzufügt.

Das Gefühl von Freude kannte Anna. Das ging ihr so, wenn sie mit ihrer Clique unterwegs war oder ihre Eltern mal ein paar Tage keinen Stress machten. Aber mit Corssens Definition von Glück konnte sie nicht so viel anfangen. Ein paradiesisches Gegenwartserleben? Er könne es nicht lange halten, schrieb er, und Anna kannte das Gefühl noch nicht einmal. Aber es klang so schön, die gegenwärtige Welt mit allen Sinnen wahrzunehmen, dass sie Lust darauf bekam, das auszuprobieren. Vielleicht beim nächsten Treffen.

Die Aufbruchsstimmung im Hörsaal holte Anna in die Gegenwart zurück. Die Vorlesung war zu Ende.

Sebastian – drei Tage nach dem ersten Treffen

Mit einem Stöhnen warf Sebastian den Haustürschlüssel in die Schüssel auf der Kommode. Ein fahler Lichtstreifen der Schlummerleuchte drang durch die halbgeöffnete Kinderzimmertür in den Flur. Wahrscheinlich war seine Frau beim abendlichen Vorlesen mit den Kindern eingeschlafen. Gut so, dann machte sie wenigsten keinen Stress, weil er diese Woche noch kein Mal vor einundzwanzig

Uhr nach Hause gekommen war. Er ging in die Küche, holte ein Bier aus dem Kühlschrank und setzte sich damit in den Sessel im Wohnzimmer, wo er seine Straßenschuhe abstreifte. Wie gut das tat. Seit heute Morgen um sieben Uhr atmete er das erste Mal so richtig durch. Aus den täglichen Freude-Terminen, die er sich für die Mittagspause vorgenommen hatte, war bisher noch nichts geworden. Dabei lag der Park genauso nah zu seiner Arbeit wie zu seiner Wohnung. Verdammt, entfuhr es ihm, weil er so enttäuscht über seine Unzuverlässigkeit sich selbst gegenüber war. Aber die Probleme in der Arbeit hatten nun mal Vorrang, versuchte er sich vor sich selbst zu rechtfertigen.

Auf einmal kam ihm eine Idee. Er zog das Handy aus seiner Hosentasche, öffnete WhatsApp und schrieb: »Schönen Abend zusammen. Weiß jemand von euch, wie man es schafft, Freude-Termine einzuhalten? Ich habe schon drei vergeigt. Für eure Anregungen bin ich dankbar.«

Die Nachricht war noch keine zehn Sekunden abgeschickt, da kam bereits die erste Antwort. Gerda schrieb: »Du musst das in Outlook eintragen. Wie einen Businesstermin.«

Kurz darauf meldete sich Anna: »An der Uni haben wir einen Accountability Buddy. Meine Kommilitonen und ich nerven uns dann gegenseitig, damit wir am Lernen dranbleiben. Wenn du magst, bin ich dein Buddy.«

»Und wie geht das?«, fragte Sebastian zurück.

»Ganz easy. Du sagst, was du wann und wie oft machen willst, und gibst mir ein Signal, ob du dich daran gehalten hast. Meldest du dich nicht, trete ich dir digital in den

Hintern. Wenn du erfolgreich warst, lassen wir dich beim nächsten Treffen hochleben. Ich bring wieder Kekse mit.«

»Super. Danke. Dann sind wir jetzt Buddies. Mein Ziel: Jeden Tag um zwölf Uhr dreißig eine halbe Stunde raus in den Englischen Garten gehen. Morgen geht's los. Du hörst also von mir, Anna. Danke auch an dich, Gerda, für den Tipp mit Outlook.«

Anna bestätigte mit einem »Nice«.

Sebastian zückte sein Handy und trug »Auszeit« als dreißigminütigen Serientermin in Outlook ein. Dabei stellte er fest, dass in den nächsten 14 Tagen mindestens die Hälfte davon mit Businessterminen kollidierten. Also löschte er den Serientermin wieder, weil er seiner Assistentin die Mehrarbeit nicht zumuten wollte, die all die Verschiebungen wegen einer persönlichen Pause verursachen würden. Irgendwie würde er es auch so hinbekommen.

Das Bild des Englischen Gartens im Morgenlicht tauchte vor seinem geistigen Auge auf. Vielleicht war es ja besser, den Freude-Termin vor der Arbeit zu machen. Das bedeutete zwar morgens etwas mehr Stress zu Hause, aber Sebastian war wild entschlossen.

Gerda – eine Woche nach dem ersten Treffen

Seit fast zwei Stunden hing Gerda am Taxistand fest. Genervt pfefferte sie ihr Buch auf den Beifahrersitz und scrollte in ihrem Handy zu der Nachricht, die Corssen vor ein paar Tagen geschickt hatte. Das meiste davon konnte sie nachvollziehen, auch wenn die beschriebenen Glücksgefühle eher eine Seltenheit bei ihr waren. Seit einer Weile schlief sie nachts nicht mehr gut, weil sie sich solche Sorgen um ihre Zukunft machte. Die amerikanische Fahrdienstkonkurrenz übte mächtig Druck auf die Taxibranche aus, was sich immer drastischer auf Gerdas Geldbeutel auswirkte.

Wofür das alles? Diese Frage kam ihr in letzter Zeit immer häufiger in den Sinn. Dabei hatte sie so hart geschuftet, heute da zu sein, wo sie war. Mit Mitte zwanzig hatte sie leider ihr Physikstudium schmeißen und ins Taxigeschäft ihres Vaters einsteigen müssen. Das war nicht ihr Traumberuf gewesen, bedeutete aber ein solides Einkommen und flexible Arbeitszeiten, wichtig für eine mittellose schwangere Studentin. Das Geld und die damit verbundene Sicherheit machten die verpatzten Zukunftspläne wett. Und jetzt sollten all die Mühen dieser Jahre von der Konkurrenz überrollt werden?

Gerda schloss die Augen und lehnte sich im Fahrersitz zurück. Plötzlich wurde die hintere Tür des Taxis aufgerissen und ein schnaufender und schwitzender Mann stieg ein. »Flughafen«, ordnete er an, während er sich mit einem Stöhnen auf die Rückbank fallen ließ. Das kann doch nicht wahr sein, dachte Gerda und ließ entnervt den Motor an. Endlich eine lange lukrative Fahrt und dann mal wieder mit einem Ekelpaket. Ihre selbstdeklarierte Mission, schlecht gelaunte Fahrgäste aufzumuntern, hatte sie vergessen.

Britta –
zehn Tage nach dem ersten Treffen

Die Bilanz war erschütternd. Britta schüttelte schockiert den Kopf, als sie die Striche in ihrer Handynotiz zählte. Die ersten zehn Tage hatte sie zigmal pro Tag gegen irgendeine der Regeln verstoßen. Sich mehrfach über ihren Chef geärgert. Einer Kollegin einen ungefragten Rat gegeben. Eine Freundin besserwisserisch kritisiert. Sich morgens im Auto schon über die Idioten auf dem Mittleren Ring aufgeregt. Kein Tag war vergangen, an dem sie nicht von früh bis spät voller negativer Gedanken war. Von Lebensfreude keine Spur.

Sebastian –
drei Wochen nach dem ersten Treffen

Mit geschlossenen Augen saß Sebastian auf einer Parkbank, die etwas abseits von den Spazierwegen lag. Die herbstliche Morgensonne wärmte sein Gesicht, während er ruhig ein- und ausatmete. Wie erwartet war der Englische Garten so früh noch nicht sehr voll. Sebastian schloss die Augen und konzentrierte sich auf seine Sinne: Vögel waren keine zu hören, die waren sicher alle schon im Süden.

Absätze knirschten über den Kiesweg. Er machte die Augen auf und sah, wie eine alte Dame langsam, leicht gebeugt und mit einem bezaubernden Lächeln im Gesicht an ihm vorbeiging. Sie musste bestimmt schon achtzig sein.

Was sie hier wohl so allein tat? Da merkte er, wie schwer es war, nur auf Geräusche zu achten und nicht zu beurteilen, wo sie herkamen. Als er die Augen wieder schloss und gedanklich zu dem Geräusch der Absätze zurückkehrte, fiel ihm auf, dass es nicht mehr dasselbe war, dass es ein wenig anders klang, weil der Untergrund sich veränderte und der Schritt mal stärker, mal schwächer war. Er nahm einen zarten Rosenduft wahr, dem er nachschnupperte. Seine Nase fühlte sich kalt an. An seinem Rücken spürte er die harte Lehne der Bank. Er dachte an die Nussbreze, die er sich gleich beim Bäcker holen würde, und hatte schon den süßlichen Geschmack auf der Zunge. Er machte die Augen auf und war aus dem schönen Moment gefallen.

Du hast Zeit, tröstete er sich darüber hinweg, dass ihm die Konzentration auf die Gegenwart nicht sofort gelungen war. Schade, dass er es einfach nicht regelmäßig hierherschaffte. Aber ein Gutes gab es: Sobald er auf der Bank saß und die Augen schloss, kam es ihm so vor, als würden alle seine Sinne zum Leben erweckt, die im täglichen Kampf am Schreibtisch wenig gebraucht wurden. Letzte Woche hatte er sogar mal alles um sich herum und damit auch die Zeit vergessen. Deshalb war er zu spät ins Büro gekommen, weil er einfach nur da gewesen war, ohne an irgendwelche Pflichten zu denken.

Bei seinen Freude-Terminen hatte ihn sein Ego aber auch öfter ermahnt, doch lieber ins Büro zu gehen, statt einfach so rumzusitzen. Es war immer noch ein hartes Stück Arbeit, diesen inneren Antreiber zu zügeln. Ohne Annas Unterstützung per WhatsApp hätte er aufgegeben. Zumal er anfangs nur schlecht stillsitzen konnte, wegen des schlechten Gewissens darüber, was er gerade alles nicht erledigte. Der Weg zur Freude war mit ganz schön vielen Steinen gepflastert. Aber es lohnte sich. Seine Stimmung war nach den intensiven Erfahrungen am Morgen deutlich aufgehellt. Jetzt, nach fast drei Wochen, konnte Sebastian sagen, nicht nur zur Arbeit, auch zur Freude gehörte eine gewisse Disziplin. Das war wie beim Klavierspielen: Je mehr man übt, desto beweglicher werden die Finger und desto besser spielt man. Mit jedem Tag, den er im Park auf seiner Bank saß, stellte sich das schöne Gegenwartserleben etwas schneller ein. Sein bisheriges Fazit lautete: Es gibt kein E-Bike für Lebensfreude, du musst selber in die Gänge kommen. Und du wirst mit jedem Kilometer fitter.

Sebastian hörte die Kirchenglocken läuten. Acht Uhr. Er stand auf und schrieb im Gehen an Anna: »Heute habe ich es wieder geschafft. Bin froh.«

Anna – eine Woche vor dem zweiten Treffen

»Darf es noch etwas sein?«, fragte die Bedienung des Cafés.

Anna fuhr erschrocken hoch. Wie lange saß sie hier schon? Wie spät war es? Gleich fünf. Die Vorlesung über Verwaltungsrecht, die sie geschwänzt hatte, war längst vorbei. Wenn sie sich nicht beeilte, würde sie auch noch ihr Seminar verpassen. Das Tablet vor ihr auf dem Bistrotisch zeigte eine detailreiche Schwarz-Weiß-Skizze einer römischen Ruine. Vorn im Bild sprang, detailgenau gezeichnet, ihr Kater Diesel herum, als sei er wieder jung. Sie seufzte. Ihr haariger Freund war so alt geworden im letzten Jahr. Die meiste Zeit wollte er nur noch auf ihrem Bett schlafen. Wenn sie sich in letzter Zeit über ihn beugte, um an seinem Fell zu schnuppern, protestierte er meist unter Miauen. Manchmal biss er sie auch, was nicht schlimm war, weil er keine Zähne mehr hatte. Aber früher hätte er das nie getan. Da war er jederzeit zum Spielen bereit gewesen.

Sie tippte auf den Bildschirm ihres Handys. Fünfzehn Uhr. Offenbar hatte sie zwei Stunden am Stück gezeichnet. Im Nachhinein kam es ihr so vor, als hätte die Zeit still gestanden und wäre gleichzeitig verflogen. Ein Glücksgefühl durchströmte sie. Sie war so in der Gegenwart gewesen, dass nicht einmal der unangenehme Gedanke an das bevorstehende Seminar über Produkthaftungsrecht sie stören konnte. Es kam ihr so vor, als könnten verschiedene Zustände gleichzeitig existieren: Langweilige Vorlesungen. Das Rumgenerve ihrer Eltern. Das bevorstehende Staatsexamen. Das Zeichnen. Das Kuscheln mit ihrem Kater. Blieb nur die Frage, ob diese ruhige Gelassenheit in fünfzehn Minuten, in der Uni, immer noch da war.

Britta – eine Woche vor dem zweiten Treffen

Es klingelte an der Tür. Wer wollte denn nach achtzehn Uhr noch etwas von ihr? Britta stand vom Sofa auf und ging in den Flur. An der Eingangstür drückte sie auf den Knopf der Gegensprechanlage und fragte: »Ja, bitte?«

»Kurier«, antwortete eine Männerstimme.

Sie betätigte den Türöffner und wartete, bis der Bote ihr Stockwerk erreicht hatte.

»Hier unterschreiben«, sagte er, nachdem er ihr das Päckchen ausgehändigt hatte.

Das mussten die schwarzen Stiefeletten sein, die sie vor zwei Wochen bestellt hatte, als Belohnung für den Stress am Ende der Mitarbeiter-Feedback-Woche, die ihr von Jahr zu Jahr härter vorkam. Die Jungen ließen sich nicht mehr so ohne Weiteres kritisieren und gaben öfter Widerworte.

Achtlos warf Britta das Paket auf die Anrichte im Flur und kehrte zurück ins Wohnzimmer. Sie setzte sich auf die Couch und nahm sich erneut ihre Beschwerdeliste vor. Bei genauerer Betrachtung zeigte sich, dass die täglichen Striche seit ein paar Tagen etwas weniger geworden waren. Geringfügig, aber sichtbar. Was hatte sich verändert? Britta ließ die letzte Woche Revue passieren und auf einmal dämmerte es ihr. Sie war aufmerksamer geworden. Vorgestern beim Italiener mit ihren Freundinnen lag ihr eine bissige Bemerkung auf der Zunge. Sie wollte sie gerade ausspucken, als ihr bewusst wurde, dass sie das einen weiteren Strich auf ihrer Liste kosten würde. Also entschied sie, das, was sie eigentlich hatte sagen wollen, mit etwas Wein die Kehle runterzuspülen und stattdessen eine interessierte Frage zu stellen, auch wenn ihr das unecht vorkam. Irgendwie war der Mädelsabend insgesamt entspannter verlaufen. Und sie hatte sich hinterher richtig gut gefühlt, weil sie keinen Ärger mit nach Hause schleppte.

War das jetzt ein Effekt ihrer größeren Bewusstheit oder ein Zufall? Denn leider hatte sie nicht immer die Disziplin, sich zurückzuhalten oder einfach mal was stehen zu lassen. Die Beschwerdeliste belegte das eindeutig. Sie legte das Handy weg und ging zurück in den Flur, um das Paket zu öffnen. Als sie am Schuhregal vorbeikam, stachen ihr zwei Paar schwarze Stiefeletten ins Auge. Sie schüttelte den Kopf und beschloss, das Paket am nächsten Tag zurückzuschicken. Wer brauchte schon drei Paar fast identische Schuhe?

Klaus – einen Tag vor dem zweiten Treffen

Während seine Frau einkaufen war, marschierte Klaus, das Mobiltelefon in der Hand, im Wohnzimmer auf und ab. »Ich kann leider nicht kommen, weil mein Vater plötzlich erkrankt ist«, hatte er bereits in WhatsApp getippt. Doch als er auf Senden drücken wollte, um die Nachricht an die anderen zu schicken, überkam ihn das schlechte Gewissen.

Einfach kneifen, wenn es schwer wird, sagte die Stimme in seinem Kopf, die wie seine Frau klang. Das bist doch nicht du!

Du hast ja recht!, dachte er zerknirscht und hoffte, dass die Stimme ihn in Ruhe lassen würde. Was sie aber nicht tat. Du solltest hingehen, insistierte sie, schon allein, weil du es versprochen hast. Und wenn wir schon dabei sind, fügte der Automat in seinem Kopf hinzu, könntest du das nächste Mal auch ein bisschen mehr reden.

»Oh Mann«, stöhnte Klaus. Er löschte die Nachricht und legte sich auf die Couch, um in seinem Wissensmagazin zu lesen.

Britta – zwanzig Minuten vor dem zweiten Treffen

Drei halbwüchsige Jungs stiegen in die Trambahn ein und ließen sich auf eine Vierersitzgruppe fallen. Jeder hielt eine Bierflasche in der Hand. Sie grölten herum, und den einzelnen Wortfetzen entnahm Britta, dass sie die Nacht durchgemacht hatten. Gestresst von dem Lärm, fasste sich Britta an die Schläfen. Hatten die denn keine Kinderstube? Wieso sagte der Trambahnfahrer nichts? Sonst waren die doch bei jeder Kleinigkeit so pingelig. Die Jungs standen auf. Britta rutschte in ihren Sitz, als wollte sie sich unsichtbar machen. Sie blickte sich ängstlich um, außer ihr war nur noch eine zierliche ältere Dame in der Tram. Beim nächsten Halt sprangen die Jugendlichen lärmend aus dem Waggon. Erleichtert schnaufte Britta aus. Musste sie jetzt einen Strich auf ihre Beschwerdeliste setzen? Weil sie sich über die Jugendlichen beklagt hatte, anstatt bei sich zu bleiben und sich bewusst zu machen, dass ihr der Lärm sehr unangenehm war. Und das vielleicht sogar auszusprechen: »Mich stört, wenn ihr so laut seid.«

An der Haltestelle »Nationalmuseum / Haus der Kunst« stieg Britta aus und überquerte die Straße. An der Brücke, wo es in den Englischen Garten ging, blieb sie stehen und sah hinunter auf den Eisbach. Der Nebelschleier, der beim Atmen aus ihrem Mund kam, stieg nach oben. Im Sommer standen die Surfer unten am Wasser Schlange, um auf der stehenden Welle zu reiten. Aber gerade war dort niemand. Denen war es wahrscheinlich auch zu kalt. Britta wurde bei dem Gedanken daran, in den Eisbach zu steigen, ganz zittrig. Hätte Gerda nicht diese bescheuerte Idee mit dem Winterbaden gehabt, sie hätte sich beinahe auf das Treffen gefreut. Auch wenn es vermutlich keinem leichtgefallen war, sich auf vollkommen fremde Leute einzulassen, waren die Gespräche doch intensiv gewesen, wenn man mal von den Unstimmigkeiten am Anfang absah. Das vermisste sie an den Treffen mit ihren Freundinnen.

Sie checkte die Uhrzeit und eilte, weil es fast sieben Uhr war, in Richtung Wasserfall. Dabei gewann die altbekannte kritische Stimme in ihrem Kopf wieder die Oberhand. Freude-Kreis hin oder her, Winterbaden kam für sie nicht infrage. Sicherheitshalber hatte sie weder Badeanzug noch Handtuch dabei.

Dezember

Zweites Treffen am Eisbach

»Und, was macht das Leben?«, fragte Gerda in die Runde, kaum hatten sich alle auf die kleinen Campingklapphocker gesetzt, die sie extra bei einem Discounter besorgt hatte. Darauf ließ es sich doch besser aushalten als auf dem kalten Boden oder den großen eisigen Steinen, die auf der schneebedeckten Erde herumlagen. Der Wasserfall des Eisbachs rauschte mit seiner starken Strömung im Hintergrund. In der Nacht hatte es zum ersten Mal in diesem Jahr geschneit, sodass der Englische Garten in ein weißes Kleid gehüllt war. Weil immer noch Schnee fiel, hatte die Gruppe unter den ausladenden Ästen einiger großer Tannen am Ufer Schutz gesucht. Die Steine im Eisbach, an denen das dunkle Wasser vorbeirauschte, trugen weiße Mützen. An einem heißen Sommertag kam man sich hier am Wasserfall fast wie in Thailand vor. Die Natur wucherte grün, die Menschen standen in Badesachen bis zu den Knien im Wasser, um sich Abkühlung zu verschaffen, und das Lachen der am Ufer spielenden Kinder übertönte das Rauschen. Jetzt, zu dieser frühen Stunde, war es still und die Natur wirkte wie unberührt.

Ich kann mir nicht vorstellen, dass irgendwer bei der Saukälte ins Wasser geht, redete sich Britta gut zu. Vielleicht hatten die anderen Gerdas Vorschlag ja auch vergessen. Doch ein Blick auf Sebastians Sporttasche, aus der ein Handtuch spitzte, überzeugte sie vom Gegenteil.

»Ist es okay, wenn ich anfange?«, fragte Sebastian.

Alle nickten.

»Beim ersten Treffen ist unser Gespräch ja etwas entglitten.« Er sah mit einem leicht betretenen Gesichtsausdruck zu Gerda, Britta und Klaus. »Deshalb habe ich mal recherchiert, was wir machen können, um besser zu kommunizieren. Für Gruppen wie die unsere gibt es etwas, das Blitzlicht heißt, und das geht so: Wir sagen reihum kurz – in zwei bis drei Sätzen – wie es uns im Augenblick geht. Alles als Ich-Botschaften. Keine Kommentare von den anderen dazu. Das hilft, die Stimmung untereinander besser zu verstehen und zu wissen, wo jeder und jede von uns steht. Einverstanden?«

Wieder nickten alle.

»Gut, dann leg ich los.« Sebastian holte tief Luft, bevor er weitersprach. »Es gefällt mir, dass ich seit unserem Treffen ein bisschen bewusster durchs Leben gehe. Auch wenn da noch viel Luft nach oben ist.« Er wandte sich zu Anna. »Dank deines Supports habe ich es zumindest geschafft, zweimal pro Woche morgens vor der Arbeit in den Englischen Garten zu gehen. Mein Stress und der Ärger im Office sind nicht weniger geworden, aber wenn ich mir jetzt die Zeit für eine Auszeit nehme, fühle ich mich irgendwie besser.«

Mit seinem Blick übergab Sebastian Britta das Wort, die zunächst stumm blieb, weil sie nicht recht wusste, wo sie anfangen sollte. Außerdem litt ihre Aufmerksamkeit, weil das Winterbaden wie ein Damoklesschwert über ihr schwebte.

»Ach ja«, unterbrach Sebastian Brittas Gedanken. »Da ist noch etwas: Ich habe mich richtig auf dieses Treffen mit euch gefreut. Danke, dass ihr alle gekommen seid.«

Sebastians freundliche Worte erwärmten Britta. Sie war gerührt, dass sich jemand auf sie freute. »Für mich, äh, ist es nicht so leicht«, stammelte sie schließlich, »mich relativ unbekannten Menschen zu öffnen. Äh, Entschuldigung. Das ist nichts gegen euch. Ihr seid bestimmt alle nett.« Sie versuchte, sich etwas zu sammeln, weil die bisherigen Sätze einfach so aus ihr herausgepurzelt waren.

»Die Wochen nach unserem ersten Treffen waren seltsam. Mir gingen dauernd die Regeln durch den Kopf. Ihr wisst schon: nicht jammern, sich nicht beklagen, nicht schlecht über andere reden. Das ist echt schwer.« Sie schaute zu Sebastian und fuhr fort: »Wegen deiner Bemerkung mit der Strichliste habe ich angefangen, mich genauer zu beobachten und jeden Tag zu notieren, wenn ich über andere schimpfe oder mich selber kritisiere.«

»Und?«, fragte Sebastian.

»Puh, ich bin ganz schön negativ drauf. Und ich weiß nicht genau, was noch Reden und was schon Sich-Beklagen ist. Was meint ihr?«

»Blitzlicht, nur zwei bis drei Sätze«, ging Gerda dazwischen, die sich seit Beginn dieses Treffens zurückhielt, um nicht zu viel Redeanteil an sich zu reißen. Den Vorwurf wollte sie nicht noch einmal bekommen. Britta verstummte peinlich berührt.

Niemand sagte etwas, aber alle außer Gerda fanden es schade, dass Britta nicht weitersprach.

»Ich schließe mich Sebastian an«, setzte Gerda schließlich die Blitzlichtrunde fort. »Ich mag an dieser Gruppe das Ziel, an sich selbst zu arbeiten. Das ist hoffentlich endlich die Praxis, die ich mir nach viel Theorie in Büchern gewünscht habe.«

Anna machte mit der Runde weiter: »Mir geht es gut. Ich habe nach Jens Corssens Mail viel über den Unterschied von Glück und Freude nachgedacht und einmal einen echten Glücksmoment im Café erlebt. Beim Zeichnen. Der totale Flow. Das hatte ich schon lange nicht mehr. Vielleicht sollte ich das häufiger tun, so als Ausgleich zum Studium?«

Niemand antwortete auf die Frage. Vier Augenpaare richteten sich auf Klaus. Man konnte die Spannung spüren, die auf einmal in der Luft lag. Alle dachten das Gleiche: Würde er diesmal mehr reden?

»Ich …« Klaus zögerte, weil ihm die Blicke der anderen unangenehm waren. Er schaute zu Boden, während er weitersprach: »Nach unserem letzten Treffen war ich skeptisch und dachte, ich würde kein zweites Mal kommen. Dann hab ich mich in die Themen Glück, Freude und Zufriedenheit eingelesen und beschlossen, dem hier noch eine Chance zu geben.«

Das entsprach nicht ganz der Wahrheit, denn Glück schien Klaus zwar gehirntechnisch erklärbar, aber für ihn selbst unerreichbar. Seit er Corssens Mail gelesen hatte, sehnte er sich danach, in Frieden mit den Gesetzen des Lebens zu sein. Nur wie ging das? Wie schaffte man es, sich trotz aller Widrigkeiten geborgen zu fühlen? Wie sehr er es in den letzten Wochen auch versucht hatte, es war ihm nicht gelungen, den Herausforderungen, vor denen er stand, neugierig, mutig und wach zu begegnen. Bei jedem Gedanken an seine Zukunft kam eher Angst auf. Wahrscheinlich funktionierte die lebensbejahende Haltung und damit die gehobene Gestimmtheit nur, wenn man keine so großen Probleme hatte wie er. Demonstrativ verschränkte er die Arme. Er hatte genug geredet.

Sebastian sagte: »Danke euch allen und auch dir, Klaus, für deinen Beitrag.«

Klaus zuckte mit den Schultern.

Perspektivwechsel: Ja zum Leben

Die Menschen, die zu mir kommen, sind alle irgendwie gegen das Leben. Sie beklagen und beschweren sich, sind unzufrieden und sehnen sich nach einem schönen Leben.

Der Weg zu mehr Lebensfreude geht prozesshaft: vom Erkennen der eigenen Verstimmtheit hin zum In-Frieden-Sein. Zufriedenheit stellt sich ein, wenn man sich entschieden hat, in Frieden mit den Gesetzen des Lebens und mit sich zu sein, also damit, dass alles im Wandel ist, kommt und geht. Dieses Gefühl des In-Frieden-Seins ist dann wie eine höhere Weihe, auf die eine lebensbejahende Freude folgt.

Das Ganze ist ein Prozess, in dem ich mich aus der gesellschaftlich und familiär bedingten Verwicklung ent-wickle und so zu meiner Einzigartigkeit finde. In dieser Haltung gebe ich den Widerstand gegen den Lauf der Dinge auf. Ich versöhne mich mit dem »Alles fließt«, mit meiner Endlichkeit und damit, nicht zu wissen, was kommt, also mich sozusagen im Ungewissen geborgen zu fühlen. Das ist für mich zu einem Leitsatz geworden. Diese lebensbejahende Haltung ist mein Elixier, sozusagen mein Jungbrunnen. Nicht das Streben nach Sicherheit, das »all under control«, leitet nunmehr mein Verhalten, sondern das neugierige Erleben des Unbekannten hält mich wach und dynamisch. Der so erworbene Erfahrungsschatz gibt mir die Möglichkeit, mutig und kreativ mit herausfordernden Situationen umzugehen. Dieses Bejahen, ja fast schon Genießen des Ungewissen ist der Gegenspieler der Verstimmtheit und stärkt meine Zuversicht. Dieses von mir propagierte »pro Leben« heißt jedoch nicht, dass man immer guter Laune sein muss.

Wer überfordert, verstimmt und enttäuscht vom Leben ist, braucht zuallererst keine Tools, um das Leben in den Griff zu bekommen, sondern einen Perspektivwechsel, einen positiven und neugierigen Blick auf das Leben. Sich ganz bewusst für diese freudvolle Haltung zu entscheiden, legt den Samen für gehobene Gestimmtheit. Vieles, was vorher in Kampf und Krampf bewältigt wurde, ergibt sich dann von selbst.

Erfreut stellte Sebastian fest, dass sich die Gruppendynamik im Vergleich zum letzten Treffen verändert hatte. Heute wirkten alle weniger verkrampft und weniger auf Krawall gebürstet. War das die homöopathische Kur, von der Jens Corssen gesprochen hatte? Er wenigstens spürte eine größere Verbundenheit mit sich selbst und den anderen. Er musste an das Yogatraining mit seiner Frau denken. In seiner ersten Stunde hatte er bei allen Übungen das Gefühl gehabt, ein Bewegungsdepp zu sein. Er war steif und unzufrieden mit sich selbst gewesen und hatte sich dazu noch unwohl gefühlt, weil alle anderen besser waren als er. Außerdem mochte er sich nicht dafür, dass er neidisch auf die anderen war, weil bei ihnen alles so einfach und geschmeidig aussah, während er noch nicht mal im Herabschauenden Hund stehen konnte, ohne das Gleichgewicht zu verlieren. Jeder Mensch hat sein eigenes Tempo, wiederholte seine Frau im Laufe der Stunde mehrmals. Der Körper würde sich anfangs gegen die ungewohnten Bewegungen sperren, erklärte sie, aber wenn man dranbliebe, könne man schon in der nächsten Trainingsstunde eine kleine Verbesserung spüren. Mit der Zeit fände der Körper dann zu einem natürlichen Bewegungsrhythmus und zu mehr Mobilität und Stabilität. Und genauso war es gekommen. Nach etwa einem Monat hatte Sebastian bemerkt, dass er den Übungsablauf besser beherrschte und auch das Gleichgewicht leichter halten konnte. Als wäre das Wissen in seinem Körper gespeichert und er hätte es nur vergessen. Vielleicht verhielt es sich mit dieser Gruppe ja ähnlich – und sie waren in der zweiten Übungseinheit schon etwas lockerer. Wichtig war, dranzubleiben.

Sebastian sah zu Gerda, die offenbar zum Reden ansetzen wollte, und nickte: »Nur noch mal zur Erinnerung: gleiche Redezeit für alle.«

»Mich würde interessieren«, setzte Gerda an, als sie von dem Hund, der sie schon das letzte Mal besucht hatte, unterbrochen wurde.

»Das gibt's doch nicht«, rief Anna aus. »Wo kommst du denn her? Und wie hast du uns gefunden?«

Der Vierbeiner trottete ein paar Schritte näher, schüttelte sich den Schnee aus dem Fell und streckte sich. Danach tapste er zu Klaus und legte sich neben seinen Klapphocker. Klaus strich ihm mit einem Lächeln liebevoll über den Kopf. Da fiel den anderen zum ersten Mal auf, dass dieser Schweiger eigentlich ein ganz freundliches Gesicht hatte.

Gerda setzte erneut an: »Mich würde interessieren, wie das Ego und das Selbst zusammengehen. Welche Eigenschaften zeichnen das Ego aus? Und welche das Selbst? Habt ihr das alles verstanden, was Corssen dazu geschrieben hat?«

»Ego ist doch einfach«, sagte Britta, die sich wieder gefangen hatte. »Das ist Disziplin, Kontrolle, Stärke, Kampf, Schnelligkeit, Erfolg haben, Anerkennung, stark sein müssen.«

Klaus, der bei Brittas Aufzählung schlucken musste, weil seine Frau gesagt hätte, dass vieles davon auf ihn zutraf, fragte: »Und wie ist dann das Selbst?«

»Ich kann das sagen«, platzte Anna wie ein Schulkind heraus und errötete gleich darauf. »Das Selbst ist für mich, wenn man nur noch ist. Wenn man in dem aufgeht, was man tut. So wie ich beim Malen im Café. Das war so nice, weil ich alles um mich herum vergessen habe. Und später in der Uni hat mich der blöde Prof gar nicht mehr so aufgeregt. Deshalb stelle ich mir das Selbst vor wie ein …«, sie suchte nach den passenden Worten, »wie einen Seinszustand, in dem ich und die Welt total in Ordnung sind. Dann ist es ganz leicht für mich, geduldig, verständnisvoll und großzügig zu sein.« Mit einem Grinsen setzte sie hinzu: »Sogar mit meinem Dad.«

Der Gedanke an dieses allumfassende Selbst schenkte Klaus für einen kurzen Moment ein Gefühl der Entspannung, denn sein Leben kam ihm seit geraumer Zeit wie ein Dauerkampf vor.

»Und was heißt das jetzt für die Lebensfreude?«, fragte Sebastian. Er hatte den Satz kaum ausgesprochen, als ihm etwas aufging. »Wisst ihr, was schlimm ist«, setzte er an, um den Gedanken sofort ungeschminkt mit den anderen zu teilen, »bis auf die halbe Stunde, die ich ab und zu in der Stille des Englischen Gartens verbringe, ist bei mir ständig das angespannte Ego der Boss. Vielleicht bin ich deshalb auch so schnell genervt von allem.« Er lachte. »Herr Corssen würde vermutlich sagen, ich bin verstimmt. Dabei will ich gar nicht so sein. Ich wäre lieber öfter so wie bei meiner Auszeit auf der Parkbank. Da fühle ich mich … leichter …« Er wusste nicht recht, wie er es ausdrücken sollte. »Und beschwingter. Nur leider kann ich den Zustand nicht halten.«

Wege zur Lebensfreude

1. Den eigenen Erfahrungsschatz erweitern: Gewohnheiten behindern uns dabei, Neues zu erleben. Aber der Mensch oder genauer gesagt sein Gehirn verändert sich nur über emotionalisierendes Erleben. Darüber erweitern wir unseren Erfahrungsschatz, auf den wir zur Bewältigung von zukünftigen herausfordernden Situationen zurückgreifen können. Ein solcher Fundus an Erfahrungen gibt uns Sicherheit und reduziert damit Angst.
2. Sich Inseln der Freude schaffen: Etwas tun, das seinsorientiert und nicht zweck- und zielorientiert ist, das uns mit Freude erfüllt, schafft ein Gegengewicht zu alltäglicher Verstimmtheit.

3. Die Sinne als Pforten zum Selbst nutzen: Sich erholen in der Stille, die befreit ist vom bewertenden Ego, weil man über die Konzentration auf die Sinne in der Gegenwart ist: zum Beispiel in der Meditation, im Naturerleben, beim konzentrierten Musikhören oder einer intensiven kreativen Arbeit.

»Das schaffe ich auch nicht«, bestätigte Britta und versuchte sich daran zu erinnern, wann sie das letzte Mal beschwingt war. Nicht mal im letzten Urlaub in der Karibik hatte sie sich so gefühlt. »Vielleicht sollen wir uns deshalb auch nicht beklagen.« Beim Reden fiel ihr auf einmal ein, was der Unterschied zwischen Reden und Sich-Beklagen war: die Haltung, ob man für oder gegen das Leben war. So lange man das Leben nicht als Widersacher betrachtete, konnte man über alles Mögliche reden, auch darüber, was einem nicht gefiel. Das Rummeckern, das Lästern und Sich-Ärgern passierte ihr immer dann, wenn sie sich ohnmächtig und vom Leben erdrückt fühlte. Und das war in den letzten Jahren immer häufiger so.

»Rumjammern ist ja nichts anderes als Verstimmtheit«, warf Anna ein. »Und das Selbst ist nicht verstimmt. Wäre das Selbst ein Lebewesen, wäre es bestimmt ein junges Kätzchen, das mit einem Schmetterling auf der Wiese spielt oder einfach so in die Höhe springt. Es ist total im Moment.« Sie machte ein paar Bewegungen mit ihren Armen, als hätte sie Pfoten, und miaute dazu. Der Hund hob den Kopf. Als er merkte, dass da keine Katze war, döste er weiter.

»Willst du damit sagen, dass das Selbst ein tiefes Wissen darüber hat, was guttut?«, fragte Gerda, allerdings eher rhetorisch, weil sie ihre Bemerkung sehr klug fand.

»Keine Ahnung«, antwortete Anna. »Ich weiß bloß, dass ich als Kind auch wie ein übermütiges Kätzchen war. Das Leben war so unkompliziert und leicht. Aber seit ich angefangen habe zu studieren«, sie hielt inne, »nein, eigentlich schon im Gymnasium war dieses Gefühl weg.« Aber warum? Darauf wusste Anna keine Antwort.

»Für mich ist das Selbst ein unschuldiges Wesen«, sagte Gerda, die Annas Worte an ihre eigene Jugend erinnert hatten. Die kindliche Unbeschwertheit war nach dem Abitur verschwunden, als der Ernst des Lebens für sie begann, weil sie gleich zu Beginn des Studiums schwanger wurde. Nur ungern erinnerte sie sich an diese Zeit. An die Scham. Wie hatte sie einen ihrer Professoren sagen hören: ein Talent weggeschwängert. Das Schlimmste aber waren die vorwurfsvollen Blicke der Eltern gewesen, die so viel Geld in die Ausbildung ihrer unvernünftigen und undankbaren Tochter investiert hatten. War das der Moment, als ihr Ego das Regime über ihr Dasein übernommen hatte? Sie biss sich auf die Lippen, weil ihr dieser Gedanke Tränen in die Augen trieb, die sie nicht zeigen wollte. Als sie sich wieder beruhigt hatte, sagte sie, um das Thema umzulenken: »Fakt ist auf jeden Fall: Meine Gedanken entscheiden darüber, wie ich mich fühle.«

Das kommt mir doch bekannt vor, dachte Britta. Sie überlegte, wo sie das oder etwas Ähnliches schon mal gehört hatte. Ah, richtig! Das stand in Corssens Unterlagen zum Freude-Kreis: Das Ego will immer recht haben. Deshalb zahlen alle Erfahrungen aus dem Blickwinkel des Egos darauf ein, die im Kopf entstandene Realität zu glauben und zu manifestieren.

»Aber dann wäre ja allein ich verantwortlich dafür, wie es mir geht«, entfuhr es ihr mit überraschtem Gesichtsausdruck. Denn die Vorstellung, das eigene Wohlbefinden selbst bestimmen zu können, erschien Britta gleichermaßen beängstigend wie verheißungsvoll.

»Vielleicht geht es eher darum«, meinte Sebastian, »eine Balance zwischen Ego und Selbst zu finden. Das Ego zu verteufeln, ist ja falsch, wie wir beim letzten Mal festgestellt haben. Wenn ich es morgens in den Englischen Garten schaffe, und da reichen schon zwanzig Minuten, ist es, als würde ich eine andere Schwingung für den Tag setzen. Irgendwie bewusster. Dann kann ich mich zumindest eine Zeit lang leichter auf die Situationen des Lebens einlassen. Ein paar Stunden … oder meist kürzer«, korrigierte er sich mit zerknirschter Mine.

Schweigen trat ein. Alle schienen über das, was Sebastian gesagt hatte, nachzudenken.

Klaus stöhnte leise. Aber laut genug, dass die anderen es hörten. Schweigen ist Gold, hätte er am liebsten gerufen. Dann musste man sich nämlich erst gar nicht auf irgendwas einlassen. Er versuchte, sich von der Diskussion zu distanzieren, indem er seine Aufmerksamkeit auf den dösenden Hund richtete, dessen weiche Ohren er gerade kraulte. Wie gern hätte er mit ihm getauscht. Aber das ging nicht, weil der Mensch anders als Tiere ein ausgeprägtes Stirnhirn besaß. Das Stirnhirn war der Sitz der individuellen Persönlichkeit und verantwortlich für den inneren Antrieb, für strategisches Denken, Planen, Bewerten von Erfahrungen und absichtsvolles Handeln, wie er in dem Wissensmagazin gelesen hatte. Es regulierte auch die Impulskontrolle und fungierte als eine Art Filter, um das, was täglich geschah, auf spezifische Weise zu reflektieren. Klaus grinste in sich hinein. Hätte seine Frau das gelesen, hätte sie gesagt, sein Stirnhirn hätte sich ungünstig entwickelt.

Der interessante Artikel war Klaus nicht mehr aus dem Kopf gegangen. War ein Mensch ständig übererregt, so der Verfasser, ermüdete das Stirnhirn und schaltete ab. Dann setzte gewissermaßen die Vernunft aus. Mit Meditation und Achtsamkeitstraining konnte man jedoch die Aktivität des Stirnhirns erhöhen. War dieses ominöse Selbst, um das es heute früh andauernd ging, im Stirnhirn zu Hause?

Klaus tätschelte dem Hund zärtlich den Kopf. Er beneidete ihn darum, dass er sein Leben nicht reflektieren musste und sich auch nicht dabei beobachten musste, wie er durch den Englischen Garten streunte oder wie jetzt zu seinen Füßen lag.

»Ich hätte noch eine Frage an Britta und Gerda«, holte Anna die anderen aus ihren Gedanken. Gerda richtete sich auf ihrem Klapphocker auf und Britta setzte ihren interessierten Blick auf.

»Aus welchem Grund seid ihr beide genau hier? Das habe ich beim letzten Mal nicht so richtig verstanden.«

Sebastian applaudierte Anna im Geiste, denn er wusste auch nicht so recht, was Gerda und Britta bewegt hatte, am Freude-Kreis teilzunehmen. Und Klaus war einfach froh, dass er nicht mehr im Fokus stand.

Gerda hatte sich schneller als Britta gefangen und konterte mit einer Gegenfrage: »Muss man denn immer einen konkreten Grund haben, um etwas zu machen?« Aber im Innersten wusste sie, warum sie hier war. Weil sie herausfinden wollte, warum ihre Stimmung in den letzten Jahren immer mehr in den Keller gegangen war, und das, obwohl sie jede Menge Bewusstseinsarbeit machte.

Britta war es sehr unangenehm, erneut im Rampenlicht zu stehen. Gleichzeitig war ihr Gerdas abweisende Art unsympathisch. So wollte sie nicht sein. Sie erinnerte sich an den Beginn des heutigen Treffens, als sie aufs Ganze gegangen war, und atmete tief durch. »Ich bin nicht bloß hier, weil ich die Gruppenerfahrung spannend finde und neue Leute kennenlernen will«, bekannte sie. »Ich ... ich bin hier, weil ich mich hart damit tue, mich anderen zu öffnen und so zu sein, wie ich wirklich bin.« Erleichtert schöpfte sie Atem. »Aber ich weiß nicht, was ich anders machen kann.«

Zum zweiten Mal an diesem Morgen flogen Britta die Herzen der drei anderen zu, während Gerda zu verdrängen versuchte, dass sie die Gelegenheit verpasst hatte, sich den anderen wirklich zu zeigen.

»Für heute haben wir genug geredet«, bemerkte Klaus, weil ihm schon der Kopf brummte. Gleich traf ihn Brittas irritierter Blick.

Gerda dankte Klaus im Geiste für den Themenwechsel und sagte: »Wir könnten ja die Erfahrungsübung zum Ego und zum Selbst machen, die ich bei Corssen gelernt habe.«

Als kein Widerstand kam, versuchte sie, in ihren Worten zusammenzufassen: »Das funktioniert wie eine Meditation. Mit geschlossenen Augen etwa eine Minute lang erst mal auf das Ein- und Ausatmen konzentrieren, um ruhig zu werden. Es ist hilfreich, bewusst einen Zustandswechsel zu vollziehen, um den Unterschied zwischen dem zielorientierten Ego und dem Selbst, das nur Sinneserfahrungen macht, wahrzunehmen. Augen auf heißt: Ich bin im Ego. Augen zu bedeutet: Jetzt ist nur noch das reine Selbst da. Ich gebe mit eurer Einwilligung das mit dem Auf- und Zumachen der Augen vor.«

Gerda, voll in ihrem Element, schloss die Augen und die anderen taten es ihr nach. Sie spürte ihren Atem und kämpfte darum, in die Gegenwart zu kommen. Einfach nur zu sein. Aber es gelang ihr nicht.

Klaus, konzentriert und mit geschlossenen Augen, war fasziniert vom Erleben des Augenblicks. Aufrecht saß er auf seinem Klapphocker, die behandschuhten Hände ruhten auf den Oberschenkeln. Er spürte die regelmäßig pulsierenden Schläge seines Herzens und lauschte seinem Atem. Je mehr er sich darauf fokussierte, desto weniger nahm er die Außenwelt wahr. Und desto mehr fühlte er, dass das Selbst ein ruhiges Wesen war. Diese Stille – so musste sich das Leben nach dem Tod anfühlen. Was war denn das für ein schräger Gedanke? Schnell öffnete er die Augen und das Selbst war weg.

Nach ungefähr zwei Minuten öffnete Gerda die Augen wieder und beobachtete die anderen, deren Gesichter entspannt wirkten. Sebastian hatte sogar ein leichtes Lächeln um den Mundwinkel. Nur Klaus schaute sie an.

»Augen auf«, sagte Gerda.

Anna genoss das Spiel mit dem Ego und dem Selbst. Mit geschlossenen Augen gelang es ihr, sich in das spielende Kätzchen hineinzuversetzen. Sie spürte die Neugier und die Freude des kleinen Geschöpfs. Das Leben war so schön. Aber mit dem Öffnen der Augen verschwand die Leichtigkeit des Seins sofort. Sie dachte an Diesel und ihre Eltern, worauf ein Film in ihrem Kopf losging, in dem sie mit ihnen stritt, nur um dann doch nachzugeben. Dieses Selbst war angenehm, aber zugleich irgendwie unfassbar. Meist drängelte sich ihr rechthaberisches und kämpferisches Ego vor. Sie machte ihre Augen wieder zu, weil sie sich im Selbst viel wohler fühlte.

Ich spüre keinen Unterschied, dachte Britta. Sie machte die Augen nun schon zum dritten Mal zu und nach einer Weile wieder auf. Wiederholung ist die Mutter des Lernens, hatte ihre Mutter immer gesagt, wenn sie als kleines Mädchen nicht sofort etwas konnte. Dieses Wissen hatte ihr auch im Beruf schon oft geholfen, vor allem als Teamleaderin. Sie musste ihren Mitarbeitenden, auch wenn sie nicht untalentiert waren, Neues nicht selten fünfmal erklären, bis es eingesickert war. Der Mensch war eben ein Gewohnheitstier. Mit ihrer Beschwerdeliste verhielt es sich ja ähnlich. Nur weil sie dranblieb und sich beobachtete, stellte sich zumindest eine leichte Besserung ihrer Klagelust ein. Vermutlich war es mit dem Perspektivwechsel zwischen Selbst und Ego genauso. Das musste geübt und somit immer wieder erfahren werden. Und genau das würde sie ab jetzt tun. Sie machte die Augen wieder zu und stellte zufrieden fest, wie angenehm ihr die Freundlichkeit ihrer eigenen Gedanken war.

Was für ein Mensch will ich eigentlich sein? Das fragte sich Sebastian, nachdem er mehrere Male zwischen den Erfahrungen in der Außen- und der Sinnenwelt hin- und hergesprungen war. Er machte die Augen auf und schaute auf seine teuren Crosstraining-Schuhe, die auf jedem Untergrund bestens performten und fast schon ein Sinnbild für sein Leben waren. Denn er sprang täglich zwischen zig Rollen hin und her: Vater, Ehemann, Unternehmer, Chef, Innovator, Motivator, Träumer, Sohn und jemand, der sich einfach nur ein schönes Leben wünschte. Das Ego des Mannes, dem diese Schuhe gehörten, bewunderte er für seine Hartnäckigkeit, seinen Einsatz und seine Zuverlässigkeit. Gleichzeitig mochte er es aber auch nicht, weil es eine Art Spaßbremse war. Es trieb ihn an zu schneller-weiter-höher, aber nicht zu mehr Lebensfreude.

Sebastian machte die Augen wieder zu und fragte sich dabei, wie er sich wohl im Selbst bewegen würde. Es kam ihm ein Bild vor Augen: Er als junger Mann auf einer Hiking Tour in Costa Rica. Zusammen mit seiner Frau, die damals noch seine Freundin war, wanderten sie auf einem Vulkan entlang und konnten sich nicht sattsehen an der üppigen Vegetation im Tal und dem fantastischen Ausblick aufs Meer. Kinder hatten sie damals noch keine. Das Leben war leicht und voller Abenteuer – und er fühlte sich so beseelt. Damals waren sie wochenlang mit dem Rucksack unterwegs und beide noch voller Träume, von einem eigenen Unternehmen, einem Yogastudio und einer Familie. Alle Ziele hatten sie mit viel Anstrengung und Überwindung erreicht, nur leider ihre frühere Lebensfreude auf dem Weg dorthin verloren ... Sebastian war in seinem beurteilenden Ego zurück. Er schlug die Hacken zusammen und der Schnee fiel von den Sohlen. Diese Schuhe waren doch für jedes Gelände konzipiert. Was hinderte ihn also daran, damit auch auf der Straße der Freude zu laufen? Eines stand fest, resümierte er, das Ego im Überlebensmodus und das Selbst im Erlebensmodus könnten ein Team werden. Er nahm sich vor, besonders das Im-Selbst-Sein in seiner morgendlichen Auszeit häufiger zu erfahren. Wenn sein Ego das zuließ.

Ein buddhistischer Gong, der aus Gerdas Handy erklang, beendete die Stille. Bewegung kam in die Gruppe. Erleichtert darüber, dass es vorüber war, öffnete Gerda die Augen. Und alle wussten, was jetzt kam: Winterbaden.

Das Treffen war bisher so schön gewesen. Britta hatte sich das erste Mal fast wohlgefühlt. Musste das jetzt wirklich sein?

Sich nicht beklagen – ein Schlüssel für Lebensfreude

Verstimmtheit ergibt sich aus dem Widerstand gegen die Situationen des Lebens. Die tiefe Unzufriedenheit, dass das Leben nicht so ist, wie man es sich vorgestellt hat, äußert sich zum Beispiel in: sich beklagen, jammern, schimpfen, sich beschweren, lästern, bockig und beleidigt sein. Über längere Zeit kann das zu Depressionen und psychosomatischen Störungen führen. Und so schafft man es, aus der automatischen Klagenummer auszusteigen:

1. Sich dabei beobachten, wann und wie man klagt. Wer nicht merkt, dass »es ihn klagt«, kommt aus dieser Mechanik nicht heraus.
2. Sich jeden Abend bewusst machen: Wie oft habe ich mich über unangenehme Situationen beschwert? Wann habe ich über andere Menschen geschimpft? Und wann habe ich mich über mich selber beklagt?
3. Wer sich darüber bewusst geworden ist, kann sich vornehmen, wie er oder sie sich das nächste Mal anders verhält und es besser macht.
4. Weil es einen häufig denkt und klagt, ist es gut, einen vertrauten Menschen darum zu bitten, möglichst schnell Feedback auf das unerwünschte Verhalten zu geben. Ich habe zum Beispiel meine Frau gebeten, mich zu coachen, wenn ich ihr ungefragt Ratschläge gebe. Dann sagt sie »Bingo«, um mich daran zu erinnern, und ich entschuldige mich für meine Einmischung.

Gerda erhob sich und klappte ihren Hocker zusammen. »Ich empfehle, dass wir nicht hier ins Wasser gehen, weil die Strömung im Eisbach zu stark ist. Am Schwabinger Bach ist es besser, der fließt nicht so schnell und ist auch nicht so tief.«

Sie marschierte voran. Die anderen folgten ihr. Auch der Hund erhob sich, machte den Rücken lang und ging dann gemächlich mit wackelnden Hüften in die entgegengesetzte Richtung davon. Britta, hin- und hergerissen zwischen »Ich will nicht« und »Ich sollte«, wäre am liebsten mit dem Hund zusammen weggelaufen.

Klaus, der Brittas Zustand bemerkte und an seine zwei Kameraden beim Militär denken musste, blieb stehen und sagte: »Komm erst mal mit. Du kannst dir ja immer noch überlegen, ob du ins Wasser gehst, wenn wir dort sind.«

Apathisch setzte sich Britta in Bewegung. Klaus nahm ihren Klapphocker mit. Als sie nach einigen Minuten am Schwabinger Bach ankamen, waren Gerda und Sebastian schon in Badesachen. Beide hatten ihre Mütze aufgelassen und trugen Neoprenschuhe, um nicht barfuß durch den Schnee zu müssen. Anna stand halb angekleidet auf ihrer Isomatte und wiederholte mehrmals kichernd: »Das ist so crazy.«

Klaus stellte Brittas Klapphocker auf. »Schau erst mal zu. Und wenn du magst, hol ich dich.«

Wer hätte gedacht, dass Klaus so ein Gentleman ist?, ging Sebastian, der das Ganze beobachtete, durch den Kopf.

»Die Kälte des Wassers nimmt einem erst mal die Luft«, erklärte Gerda. »Deshalb ist es wichtig, gleichmäßig und hörbar tief durch die Nase ein- und durch den Mund auszuatmen.« Sie legte ihr Handtuch zum späteren Abtrocknen zurecht. Dann machte sie das Atmen ein paarmal vor und forderte die anderen auf, mitzumachen, auch wenn ein Teil von ihr nicht ganz überzeugt war, ob sie selbst es überhaupt schaffen würde, ins eiskalte Wasser zu gehen.

Obwohl er sich bescheuert vorkam, machte Klaus beim Atmen mit. Er wusste aus Erfahrung, dass Gerda recht hatte. Seine Ausbilder beim Militär hatten immer wieder gepredigt, dass einem die richtige Atmung nicht nur half, sich zu überwinden, sondern auch, die Kälte auszuhalten.

Am Wasser angekommen, holte Gerda nochmal tief Luft und stieg lautstark atmend ins Wasser. Klaus folgte ihr. Als die beiden bis zu den Knien drin waren, gingen sie wie auf Kommando fast gleichzeitig in die Hocke. Das Wasser reichte ihnen nun bis zum Hals.

»Scheiße, ist das kalt!«, rief Klaus aus. Im Viererrhythmus atmete er konzentriert ein und aus.

Gerda hätte es nicht besser ausdrücken können. In der Theorie hatte alles so leicht geklungen. Aber jetzt, wo sie gerade mal ein paar Sekunden im Wasser war, tat ihr ganzer Körper höllisch weh, sodass sie am liebsten aufgegeben hätte. Ein Spaß war das Winterbaden definitiv nicht. Aufgeben ist nicht drin, befahl sie sich und biss die Zähne zusammen, während sie versuchte, ihre Gedanken mit bewusstem Atmen zu disziplinieren. Das half ihr tatsächlich, die beißende Kälte etwas besser auszuhalten. Außerdem wollte sie sich, wo sie das Ganze doch angezettelt hatte, vor den anderen keine Blöße geben.

Klaus kam die abrupte Kälte vor, als hätte ihm jemand den Todesstoß versetzt. Er konzentrierte sich auf seinen

Atem und seinen warmen Kopf, der unter einer Mütze steckte, in der Hoffnung, dass das Kältegefühl dadurch schneller nachlassen würde. Als das endlich passierte, konnte er es fast genießen. Er fühlte sich wie Phönix aus der Asche. Was für ein schräges Bild, dachte er, das passt ja gar nicht. Oder doch? Schließlich war der sagenumwobene Phönix ein Symbol für Wiederauferstehung und Unsterblichkeit. Ja, das wollte er sein, unsterblich. Er schüttelte den Kopf. Hatte ihn das kalte Wasser high gemacht? Er rief Gerda zu: »Das Schlimmste ist vorbei.«

Als er durch den Schnee zum Wasser watete, hatte Sebastian das Gefühl, etwas Abenteuerliches zu tun. Dabei fiel ihm ein, wie er als Jugendlicher mit seinen Kumpels nachts ins Freibad eingestiegen war. Genauso fühlte er sich jetzt – zwischen freudiger Erregung und ängstlicher Aufgeregtheit, als ob er heimlich etwas Schönes aber Unvernünftiges täte. Ob dieses viel gepriesene Winterbaden schön war, konnte er noch nicht sagen, aber es kam ihm auf jeden Fall unvernünftig vor, bei null Grad Außentemperatur in einen Bach zu steigen, der vielleicht gerade mal fünf bis sieben Grad hatte. Entschlossen ging er weiter. Eine Sekunde später schrie er laut auf: »Ahhhhhh!!!!« Er konnte gar nicht mehr aufhören zu schreien, weil die Kälte unerträglich war.

»Atmen«, rief Gerda ihm übertrieben fröhlich zu und kam sich vor wie eine Betrügerin, weil sie genau wusste, wie schwer es ihr gefallen war.

Sebastian konnte nur mit Mühe Luft holen. Seine Lungen fühlten sich an, als würden sie zusammengepresst. Er versuchte, sich auf seine Atmung zu konzentrieren. Aber eigentlich wäre er am liebsten schreiend aus dem Wasser geflohen. Doch er nahm sich zusammen und atmete laut und regelmäßig.

»Wir sollten beim ersten Mal nicht lange drinbleiben«, sagte Klaus, als Anna gerade am Ufer angekommen war. Sie streckte den rechten Fuß ins Wasser und zog ihn mit einem spitzen Schrei sofort wieder zurück.

»Trau dich«, presste Sebastian hervor, weil er immer noch kaum Luft bekam.

Von zu Hause war Anna eher Druck gewohnt. Wäre ihr Vater hier gewesen, hätte er wahrscheinlich gesagt: »Jetzt stell dich nicht so an!« Sebastians Aufmunterung tat Anna so gut, dass es ihr gelang, ohne weiter nachzudenken, bis zu den Knien ins Wasser zu gehen. Die Kälte drang bis in ihre Knochen und tat höllisch weh. Ihr Atem stockte. »Ich … ich glaub, ich schaff das nicht«, stammelte sie.

Britta horchte auf. Endlich jemand, der sich auch schwertat.

»Atmen«, wies Gerda Anna und zugleich sich selbst an.

»Und nicht nachdenken. Einfach machen«, ergänzte Klaus, der sich lebendig wie schon lange nicht mehr fühlte.

»Du schaffst das«, sagte Sebastian und streckte zitternd die Hand aus.

Anna holte tief Luft, machte ein paar Schritte ins tiefere Wasser und tauchte dann einmal bis zum Hals unter, begleitet von einem lauten: »Uaahhhhhhhhh!« Kaum kam sie wieder hoch, rannte sie auch schon mit einer Mischung aus Lachen und Schreien ans Ufer zurück, wo sie auf ihre Isomatte stieg und sich bibbernd in ihr Handtuch hüllte.

Britta spürte einen Stich im Herzen, als sie Anna beobachtete, die wie ein Walross schnaubte und dabei hysterisch lachte. Sie wirkte, als wäre das alles ein Riesenspaß. Sie beneidete diese junge Frau um ihre Unbeschwertheit. Für Britta bedeutete das Leben jenseits der Arbeit meist Überwindung, zu der sie sich kaum entschließen konnte. Das fing beim Reisen an, ging übers Daten und endete hier beim Eisbaden. Ihre Freundinnen sagten immer, ihr zweiter Vorname sei Angst. Manchmal hasste sich Britta dafür, dass sie so war.

»Wahnsinn«, rief Sebastian mit einem euphorischen Gesichtsausdruck. »Ich finde es jetzt gar nicht mehr so kalt.«

Klaus nickte wissend. Der menschliche Körper war ein Wunderwerk. Über eine gesteigerte Atmung aktivierte er in der Kälte den Kreislauf, und die Muskeln begannen zu zittern, um die Temperatur konstant zu halten. Klappte das nicht, fuhr der Körper als Schutzmaßnahme seine Funktionen runter. Atmung, Kreislauf, Durchblutung, alles lief dann langsamer, bis man irgendwann das Bewusstsein verlor. Bergsteiger, die in einer Gletscherspalte gefangen waren und drohten zu erfrieren, hatte Klaus mal gelesen, würden die Kälte irgendwann gar nicht mehr spüren. Im Gegenteil, es würde ihnen sogar warm werden.

»Wie fühlst du dich, Gerda?«, fragte Klaus.

Da erst bemerkte Gerda, dass es ihr wie Sebastian erging. Die Kälte tat nicht mehr weh. Hm … Wie fühlte sie sich? Sie schloss die Augen wie zuvor bei der Ego-Selbst-Übung und spürte einfach nur. Als sie feststellte, dass sie jetzt eher Freude empfand, musste sie lächeln.

»Fürs erste Mal ist das genug«, sagte Klaus und ging an Land.

»Schon?« Sebastian machte ein enttäuschtes Gesicht wie ein Kind, das bereits blau angelaufene Lippen hatte, aber trotzdem nicht aus dem Wasser wollte. Gefühlt war er erst seit ein paar Sekunden im Bach. Trotzdem ging er gehorsam an Land zurück, ebenso wie Gerda, die verwundert war über Klaus' sanfte Autorität, die es ihr leicht machte, ihm zu folgen.

»Willst du es nicht doch versuchen?«, fragte Klaus Britta, während er sich mit seinem Handtuch abrubbelte. »Ich geh auch noch mal mit dir rein, wenn du das möchtest.«

Britta schüttelte den Kopf. Die Angst, sich in das eiskalte Wasser zu wagen, war immer noch unerträglich. Sie spürte einen Anflug von Neid und ein Gefühl des Ausgeschlossenseins, als sie in die freudigen und von der Kälte geröteten Gesichter der anderen schaute. Erneut ärgerte sie sich über Gerdas blöden Vorschlag, und gleichzeitig war sie enttäuscht und wütend darüber, nicht aus ihrer Haut zu können. Unter großer Mühe versuchte sie, ihre Frustration zu kaschieren, doch die anderen konnten ihren inneren Kampf spüren.

»Im Yoga sagt man: Tu, was du kannst«, versuchte Sebastian zu beschwichtigen. Mit aufmunterndem Blick fügte er hinzu: »Und was du heute noch nicht schaffst, geht vielleicht morgen.«

Du vielleicht, dachte Britta, du bist noch jung. Aber mit über fünfzig wird man nicht mehr, was man gern wäre. Davon war sie überzeugt. Sie wünschte sich woanders hin.

Als sich alle Wasserratten abgetrocknet und angezogen hatten, mahnte Klaus: »Wir sollten uns ein bisschen bewegen, damit sich der Körper wieder aufwärmt.«

»Aber mir ist gar nicht kalt«, antwortete Sebastian, dem die neue Rolle des entschlossenen Leaders an Klaus besser gefiel als die des Grummelbärs.

»Davon darfst du dich nicht täuschen lassen«, erwiderte Klaus und begann, wie ein Hampelmann die Arme und Beine von sich zu strecken und dabei zu hüpfen. Er lächelte Gerda zu und dankte ihr im Stillen für ihre Idee. Und genau in dem Moment traf ihn wie ein Blitz die Erkenntnis, dass er, seit sie am Schwabinger Bach waren, nicht mehr an seine Sorgen gedacht hatte und dass er sich so wach wie schon lange nicht mehr fühlte.

Hatte ihr Klaus gerade zugelächelt?, fragte sich Gerda und drehte sich um. Aber hinter ihr war niemand.

Alle machten den Hampelmann, bis auf Britta, die wie angewurzelt auf ihrem Hocker sitzen blieb. Die Stimmung war heiter und entspannt.

»Das kalte Wasser bringt einen ganz schön in Schwung«, sagte Gerda im Hüpfen.

»Das ist sogar wissenschaftlich erwiesen«, bemerkte Klaus außer Atem.

Etwas war jetzt anders, stellte Britta fest, die alles von ihrem Hocker aus verfolgte. War das die Freude-Schwingung, über die sie beim ersten Treffen gesprochen hatten? Aber musste man dafür ins eiskalte Wasser gehen?

Etwas hatte sich verändert, dachte auch Gerda. Sie fühlte sich wunderbar, wie schon lange nicht mehr. Ihr

Körper kribbelte angenehm, als würde frisches Blut durchgepumpt. Sie ließ sich auf ihren Klapphocker fallen und hörte sich auf einmal sagen: »Wisst ihr was: Wenn ich mal wieder zu viel rede, könnt ihr mir das ruhig sagen.« Sie lächelte. »Mir geht es ein bisschen wie Britta. Ich tue mich halt schwer, Persönliches rauszulassen.«

Aber im Gegensatz zu mir, dachte Britta, redest du dann wie ein Wasserfall. Es gefiel ihr nicht, dass Gerda sich mit ihr verglich. Bingo, schon wieder beurteilt.

»Will jemand Tee?« Gerda hatte die Thermosflasche und fünf Becher aus ihrem Rucksack geholt und fing an einzuschenken, weil sie sicher war, dass allen, auch Britta, etwas Warmes guttat.

»Cool«, sagte Anna. »Dann sind wir jetzt deine Coaches, Gerda.« Sie kramte in ihrer Tasche und zog eine Papiertüte raus. Sebastian jubelte im Stillen, als er die italienischen Kekse erkannte. Er griff sofort zu, weil er einen Bärenhunger hatte.

»Das nächste Mal treffen wir uns ja im Januar«, sagte Britta, während sie ihre Hände an dem heißen Becher wärmte. »Wollen wir dann über unsere Neujahrsvorsätze reden?« Wenigstens zum Schluss wollte sie noch etwas beitragen.

»Pfff«, machte Klaus, dem der Gedanke an gute Vorsätze sofort aufs Gemüt schlug. Was sollte er sich auch fürs neue Jahr vornehmen? Aber das sagte er nicht. Auch Gerda war nicht begeistert von der Idee. Um ihre Skepsis stumm zu demonstrieren, zog sie die Augenbrauen zusammen. Sie wollte sich lieber in der Gegenwart als in der Zukunft aufhalten.

»Gute Idee«, sagte Sebastian und hoffte, der Freude-Kreis würde ihm dabei helfen, seine Neujahrsvorsätze nicht, wie sonst immer, schon Mitte Januar zu ignorieren, als hätte er sich nie etwas vorgenommen.

»Ach, ich freu mich schon aufs nächste Mal.« Anna klatschte in die Hände und war sich nicht bewusst, dass sie damit aussprach, was ein paar der Anwesenden zwar fühlten, aber noch nicht artikulieren konnten. »Was haltet ihr davon, wenn wir uns das nächste Mal an der Surferwelle treffen?«

In der Zwischenzeit

Sebastian – am Nachmittag nach dem zweiten Treffen

Am Schreibtisch im Homeoffice sitzend schnitt Sebastian ein Stück von der dampfenden Quiche ab, die seine Frau ihm fürsorglich in die Mikrowelle gestellt hatte, und steckte es in den Mund. Er war ganz allein zu Hause, weil seine Familie in ein Erlebnisbad gefahren war.

»Uhhh, ist das heiß.« Sebastian hechelte kalte Luft ein. Dabei fuchtelte er mit seinen Händen vor dem Mund herum, um sich Linderung zu verschaffen. Dann versuchte er, den Bissen vorsichtig zu zerkauen. Aber es war schon zu spät. Das Innere seines Mundes tat heftig weh. Heute Morgen eiskalt, jetzt kochend heiß, schoss ihm durch den Kopf. Das war ein Tag der Extreme, was er eigentlich nicht leiden konnte. Er ärgerte sich maßlos, wenn beispielsweise die Freude über einen lukrativen Auftrag von der Beschwerde eines Kunden getrübt wurde. Warum musste eigentlich auf etwas Gutes immer sofort etwas Schlechtes folgen?

Er hielt inne, als ihm auffiel, dass er sich gar nicht wirklich über die heiße Quiche ärgerte. Normalerweise fluchte er herum, wenn etwas schieflief, oder nannte sich selbst einen Idioten, wenn er nicht aufgepasst hatte. Das alles passierte gerade nicht. Das Gefühl der Entspannung, das er nach dem Winterbaden gespürt hatte, schien tatsächlich noch nachzuwirken. Ist ja auch das Mindeste, dachte er, schließlich war es ziemlich hart gewesen, sich zu überwinden, Anfang Dezember in diesen Bach zu steigen. Aber es hatte sich gelohnt!

Obwohl er im Allgemeinen froh war, wenn seine Frau am Sonntag ein paar Stunden mit den Kindern außer Haus war und ihn in Ruhe arbeiten ließ, vermisste er sie gerade schrecklich. Denn zu gern hätte er das Erlebnis des heutigen Morgens mit ihr geteilt. Sie wäre bestimmt begeistert gewesen, ihn so happy zu erleben. Langsam aß er den Rest seiner Quiche auf und drückte, als er fertig war, einen Button auf der Tastatur seines Laptops. Der Bildschirm erhellte sich, was Sebastian wie einen Geistesblitz empfand. Es wurde ihm bewusst, dass er gar keine Lust hatte zu arbeiten. »Die Welt wird nicht untergehen, wenn ich mal Pause mache«, murmelte er vor sich hin und lehnte sich im Sessel zurück. Das schöne Gefühl von Entspanntheit, das er kaum noch kannte, genoss er, aber leider konnte er es wieder nicht halten. Das war wie mit der Nougatschokolade, die er so mochte. Sobald er ein Stückchen davon auf die Zunge legte, begann es zu zerschmelzen. Und ehe er sich versah, war das Vergnügen vorbei. Jedes Mal, wenn er Schokolade aß, dachte er: Warum muss der Genuss so schnell vergehen? Ihm fielen die Worte ein, die in Goethes Faust so wichtig sind: Augenblick, verweile doch! Du bist so schön!

Britta – vier Tage nach dem zweiten Treffen

»Einen Spritz, bitte.«

Britta sah auf die Uhr. Fünfzehn Minuten zu früh. Es war ihr unangenehm, so ganz für sich am Tisch zu sitzen. Für eine Nanosekunde sah sie das Bild vom Schwabinger Bach vor sich, wie sie da allein rumsaß, während die anderen mutig gewesen waren und Spaß hatten. Sie schüttelte den Kopf, als könnte sie den Gedanken auf diese Weise loswerden. Doch damit machte sie einem weiteren düsteren Gedanken Platz: Welche Frau kam nicht nur pünktlich, sondern sogar vor der Zeit zu einem Date? Fehlte nur noch, dass der Mann, den sie heute treffen sollte, zu spät kam. Sie trommelte mit den Fingern einer Hand auf der Tischplatte. Das beruhigte sie ein wenig.

»Wenn du nicht ausgehst, lernst du nie jemanden kennen«, hatte eine ihrer Freundinnen vor einer Woche gesagt und sie zu einem Blind Date genötigt. »Er ist ein bisschen schrullig. Aber ihr würdet wunderbar zusammenpassen.« Wie hatte sie das eigentlich gemeint? Britta ärgerte sich nun erst recht, dass sie sich von ihrer Freundin hatte breitschlagen lassen.

Die Kellnerin brachte den Spritz. Britta saugte am Strohhalm und die bittersüße Flüssigkeit breitete sich in ihrem Mund aus. Eine große Sehnsucht nach Italien durchströmte sie. Draußen fielen dicke Schneeflocken vom Himmel. Vor zwei Jahren war sie im Sommer mit einer Freundin in die Toskana gefahren. Schon am Brenner an der Raststätte umhüllte sie die italienische Lebensart. »Un cappuccino per la bella signorina«, hatte der Mann hinter der Theke gesagt und dabei flirtig gelächelt. So charmant angesprochen zu werden, war Britta runtergegangen wie Olivenöl extra vergine. Ah, Italien! Die ganze Woche hatten sie im Auto und in den Cafés die wunderbaren italienischen Songs gehört. Und sie hatte so viele Komplimente bekommen wie schon lange nicht mehr. Als wäre sie für die italienischen Männer sichtbarer als für die deutschen. Sie hatte sich so attraktiv gefühlt. Aber warum war ihr das eigentlich so wichtig? Ihr Ego brauchte das wohl, so gebauchpinselt zu werden. Früher war Flirten so leicht gewesen, dachte sie. Heute war es fast unmöglich, noch jemand kennenzulernen. Britta hatte sogar eine Dating-App ausprobiert. Das war jedoch ein Reinfall gewesen. Die Guten waren offenbar alle besetzt. Nur noch die Verrückten oder Kaputten schienen übrig geblieben. Da fiel ihr wieder ein, warum sie in dem Lokal war. Sie checkte die Uhrzeit. Ihr Date war bereits fünf Minuten überfällig. Wieso musste ausgerechnet sie immer an Loser kommen?

»Pffff«, stöhnte sie auf. Sie hatte sich selbst so satt und konnte sich auch nicht mehr beim Denken, geschweige denn beim Reden zuhören. Dieses Gejammere musste ein Ende haben.

Um auf bessere Gedanken zu kommen, überflog Britta auf ihrem Handy die Notiz mit den Neujahrvorsätzen, die sie für das nächste Treffen angelegt hatte. Erstens: abnehmen. Zweitens: mehr Sport machen. Drittens: weniger arbeiten. Viertens: Mr. Right finden. Hm. Wollte sie das alles wirklich? Brachte ihr das wirklich Lebensfreude? Verwundert hielt sie inne. Diese Frage hätte sie sich vor zwei Monaten nicht gestellt, dachte sie, und löschte spontan alle Vorsätze auf ihrer Liste. Dann trank sie ihren Spritz aus. Danach schrieb sie auf die leere Seite: Erstens – nicht mehr daten. Zweitens – mich nicht mehr beklagen.

Als sie fertig war, legte sie zehn Euro auf den Tisch, streckte den Rücken durch und verließ die Bar.

Klaus – achtzehn Tage nach dem zweiten Treffen

»Musst du jetzt donnerstags immer so früh raus?«, murmelte Klaus' Frau verschlafen, als der Wecker um halb sechs klingelte. Sie drehte sich auf die andere Seite.

»Ich hab einen Termin im Labor«, flüsterte Klaus, froh darüber, dass sie offensichtlich gleich wieder eingeschlafen war. Er schlich sich ins Bad und machte sich fertig. Mit der Sporttasche in der Hand verließ er zwanzig Minuten später das Haus, ohne gefrühstückt zu haben. Schnellen Schrittes lief er zu seinem Auto, startete den Motor und fuhr mit etwas erhöhter Geschwindigkeit zum Englischen Garten. Dort fand er sofort einen Parkplatz und ging wie schon die letzten zwei Donnerstage schnurstracks zum Wasserfall am Eisbach. Am Ufer breitete er seine Isomatte aus, streifte die Sneakers ab und fing an, sich auszuziehen. Nur mit Badehose, Neoprenschuhen und Mütze bekleidet setzte er sich auf die kleine Mauer, die das Flussbett an der Stelle säumte. Der Schnee, der beim letzten Treffen den Boden überzogen hatte, war geschmolzen. Trotzdem war der Stein unter seinem Po eiskalt.

Was soll's? Klaus atmete in vier Zügen durch die Nase ein und in vier Zügen wieder aus und ließ sich dabei ganz behutsam in den Eisbach gleiten. Das Wasser war so kalt, dass ihm wie bei den letzten Malen für einen Moment der Atem wegblieb. Sofort stellte sich das schon bekannte Gefühl der Todesangst ein, das aber ebenso schnell wieder verschwand, wie es gekommen war. Nach dem kurzen Schock fand er in seinen Atemrhythmus und blieb eine Minute lang bewegungslos bis zum Hals im Wasser stehen. Er spürte, wie sein Körper erst schmerzte, dann taub wurde, bis er schließlich gar nichts mehr empfand. Das war der Moment, in dem er richtig wach wurde. In seinem Gehirn zündeten gerade, wie er in einem Buch übers Eisbaden gelesen hatte, jede Menge Glückshormone und Schmerzhemmer. Angeblich stärkte Eisbaden nicht nur das Immunsystem des Körpers und erhöhte die Stimmung, wie Gerda gesagt hatte, sondern half sogar gegen Depressionen. Genau für diesen Stimmungswechsel war er an den Eisbach zurückgekommen.

Nach ungefähr einer Minute schwang er sich aus dem Wasser und sprang auf seine Isomatte, wo er sich schnell abtrocknete und ankleidete. In Mütze, Jacke, Jeans und Schuhen legte er sich auf die Matte und blickte, Arme und Beine von sich gestreckt, in den Himmel. Um ihn herum war es dunkel und ganz still. Eine wohlig angenehme Empfindung durchströmte ihn. Er dachte an Britta. Wie schade, dass sie sich diesem Vergnügen verweigerte. Vielleicht könnte er ihr ja erklären, wie sich das anfühlte. Er versuchte, in Worte zu fassen, was er empfand: War das Lebensfreude? Oder die Freude, am Leben zu sein?

Gerda – drei Tage vor Silvester

Beinahe hätte Gerda den Geschäftsmann mit Trolley und Aktentasche, der ihr vom Straßenrand aus zuwinkte, übersehen. Sie trat auf die Bremse, setzte den Blinker und fuhr das Taxi an die Seite.

»Wohin soll's gehen?«, fragte sie, als der Mann eingestiegen war.

»Flughafen«, brummte der und vertiefte sich in sein Handy.

»Noch unterwegs, so kurz vor dem Jahreswechsel?«

»Mh-hm.«

»Haben Sie es eilig?«

»Mh-mh.«

Gerda konnte die schlechte Laune ihres Fahrgastes fast körperlich spüren. Er reagierte auf keines ihrer Angebote, die Stimmung im Wagen zu verbessern. Vielleicht würde Musik helfen.

»Stört es Sie, wenn ich das Radio anschalte?«

»Mh-mh.«

Jetzt, zur vollen Stunde, kamen überall nur Nachrichten. Krisen und Kriege würden den Herrn bestimmt nicht aufheitern. Nach etwas Suchen fand Gerda endlich einen Sender, der Musik spielte. Die Anfangsakkorde von »Let it be« erklangen.

»Mögen Sie die Beatles?«, fragte Gerda.

»Mh.«

Hieß das jetzt Ja oder Nein? Gerda fand die negative Stimmung langsam ansteckend.

»Let it be, let it be, let it be, let it be.« Auf einmal war es Gerda, als würden die vier Briten nur für sie singen. Kaum war das Lied zu Ende, schaltete sie das Radio ab und ließ ihren Fahrgast so sein, wie er wollte. In den folgenden Minuten kreisten ihre Gedanken immer wieder darum, warum sie eigentlich so viel reden musste. Sie überlegte, wann das besonders auffällig war. Im Freude-Kreis tat sie das, wie sie sich eingestehen musste, weil sie sich in der neuen und fremden Situation unwohl fühlte. Wenn sie es recht überlegte, passierte das oft. War sie eine Plaudertasche? Oder eine Wichtigtuerin? Nein! Sie ertrug nur die Launen anderer schwer, fühlte sich für alles und jeden verantwortlich und meinte, gegen schlechte Stimmung anreden zu müssen.

Sie musste schlucken, als ihr einfiel, was Jens Corssen mal auf einem Seminar zu einem Teilnehmer sagte, der sich selbst sein ewiges Quasseln vorwarf: »Kann es sein, dass Sie meinen, immer etwas sagen zu müssen, weil Sie die Stille nicht ertragen?«

Mit diesem Satz ihm Ohr gab sich Gerda der Gegenwart hin. Die nächsten Kilometer bekämpfte sie den Gedanken, etwas sagen zu müssen. Als der Verkehr dichter wurde, vergaß sie das Thema für eine Weile. Und je näher sie dem Flughafen kam, desto entspannter fühlte sie sich. Mal nicht zu reden, war gar nicht so schlecht. Als das Rollfeld auftauchte, bedauerte sie beinahe, dass die Fahrt gleich zu Ende war.

Vor dem Abflugterminal stellte Gerda das Taxameter und den Motor aus und sagte: »Das macht neunzig Euro.«

Der Fahrgast streckte ihr einhundertzwanzig Euro hin und antwortete, während Gerda ihm eine Quittung ausstellte: »Vielen Dank für diese angenehme Fahrt.«

Zufrieden über das große Trinkgeld und auch mit sich selbst, weil sie es geschafft hatte, den Mund zu halten, reihte sich Gerda in die Taxischlange für die Rückfahrt nach München ein. Eigentlich eine gute Idee, den Leuten ihre Launen zu gestatten.

Ihr Handy piepste. Einer der Kollegen, der sich WhatsApp verweigerte, hatte eine SMS geschickt: »Schon gehört? Die Konkurrenz kann man nicht mehr nur zeitnah buchen, sondern auch im Voraus. Jetzt können wir einpacken!«

»Echt!?!«, entfuhr es Gerda. Sie schlug mit der flachen Hand aufs Lenkrad und dachte: Wieso immer wieder diese Ungerechtigkeiten?!

Anna – am einunddreißigsten Dezember

»Meine Neujahrsvorsätze«, schrieb Anna in das fliederfarbene Tagebuch, dass sie im Bett liegend auf den angewinkelten Knien balancierte. Sie notierte darin regelmäßig Dinge, die sie beschäftigten. Aber sie hatte noch nie darüber nachgedacht, sich etwas für das kommende Jahr vorzunehmen. Neujahrsvorsätze kannte sie nur von ihren Eltern, die sich aber nie daran hielten, weil der Ernst des Lebens die Wunschvorstellungen verdrängte. Das verstaubte Französischbuch im Regal und der Bauchwegtrainer im Keller waren stumme Zeugen dieses Vergessens. So etwas wollte Anna gar nicht erst anfangen. Das musste doch auch anders gehen.

Während sie mit ihrem Füller Herzchen und Blüten an den Rand der Seite kritzelte, überlegte sie, was sie sich wirklich für das kommende Jahr wünschte und was sie auch realisieren würde. Mehr für die Uni lernen? Das bedeutete weniger zeichnen. Mehr zeichnen? Das hieß weniger lernen. Sie drehte den Füller zu. Immer dieses bescheuerte Entweder-oder! Sofort kam ihr ein Satz in den Sinn, den ihr Vater oft sagte: »Erst die Arbeit, dann das Vergnügen.« Das hieß ja, dass Arbeit kein Vergnügen war. Und wieso ging das eine mit dem anderen nicht zusammen? Das war genau ihr Problem. Sie mochte Jura nicht, weil es für Arbeit stand, die kein Vergnügen war. Und die Malerei stand für Vergnügen, das keine Arbeit sein durfte. Das war es! Anna tastete nach ihrem Füller, der ihr vom Schoß gerutscht war. Als sie ihn endlich gefunden hatte, hielt sie in ihrem Tagebuch ihren Vorsatz fürs neue Jahr fest: Lebensfreude im Ernst des Lebens finden.

Gerda – am ersten Januar des neuen Jahres

Ihr Spiegelbild gefiel Gerda ganz und gar nicht. Mit den Fingern fuhr sie über ihre Haut, deren große Poren sogar in dem kleinen Rückspiegel ihres Taxis deutlich sichtbar waren. Wieso hatte sie bloß so einen fahlen Teint? Sie hatte doch gar nicht gefeiert, sondern um dreiundzwanzig Uhr im Bett gelegen und sogar das Feuerwerk verschlafen. Auch wenn die Silvesternacht gutes Geschäft bedeutete, hasste Gerda es, die Feierfreudigen durch die Gegend zu kutschieren. Nicht nur wegen des oft hohen Alkoholpegels und des Risikos, dass sich jemand in ihrem frisch geputzten Wagen übergab. Deshalb war sie lieber am ersten Januar auf der Straße, auch wenn heute fast nichts los war.

Sie schaute wieder in den Spiegel. Ihr Anblick war nicht besser geworden. Alles, was sie sah, waren Falten, müde Augen und graue Strähnen. Das Übergewicht konnte man – Gott sei es gedankt – in dem winzigen Rückspiegel nicht sehen. Wie sie sich da so betrachtete, erinnerte sie sich an eine Übung, die sie vor vielen Jahren mal in einem von Jens Corssens Seminaren mitgemacht hatte. Man sollte sich ein Gegenüber suchen, sich gegenseitig an den Händen fassen und einander in die Augen schauen – ohne dabei ein Wort zu sprechen. Das war ihr schwergefallen. Einige im Seminar hatten Tränen in den Augen. Auch Gerda. Damals kam es ihr so vor, als würde der Teilnehmer, mit dem sie die Übung machte, sie wirklich sehen.

Sie betrachtete erneut ihr Spiegelbild und zwang sich, den Blick nicht von sich abzuwenden. Mit der Zeit verschwamm ihr Gesicht. Während sie ihrem Spiegelbild weiter in die Augen schaute, wurde sie traurig. Eine Träne kullerte über ihre Wange, die sie peinlich berührt wegwischte. Was für ein Weichei bist du, dachte sie und schämte sich, einfach so im Taxi zu heulen. Dabei kam ihr in den Sinn, was Jens Corssen damals gesagt hatte: Selbstliebe ist eine Entscheidung.

Sebastian – drei Tage vor dem dritten Treffen

»Du bist so ein Idiot!«, schalt sich Sebastian und ließ seinen Kopf auf die Schreibtischplatte sinken. Schon die gesamte Woche hatte er sich so unter Druck gesetzt, dass er es kein einziges Mal in den Englischen Garten geschafft hatte. Auch jetzt saß er bereits seit sieben Uhr in der Firma. Er seufzte, während er sich wieder aufrichtete. Er vermisste seine Auszeit und fühlte sich schlecht, weil er es einfach nicht hinbekam. Dabei hatte er so euphorisch angefangen. Bei Anna mochte er sich schon gar nicht mehr melden, weil sie ihn als Accountability-Buddy bestimmt für seine Unzuverlässigkeit verachtete.

»Kann ich kurz stören?« Ina, Sebastians Assistentin, trat an seinen Schreibtisch. Wortlos stellte sie ihm einen Becher mit Latte Macchiato und ein Nussbreze hin. Sie beide waren heute die Einzigen im Büro, da viele Mitarbeitende zwei Tage nach dem Jahreswechsel noch Urlaub hatten.

»Darf ich dich mal was fragen?«, sagte Ina und Sebastian nickte.

»Was ist dein Geheimnis?«

»Wie bitte?« Sebastian stutzte. Seine Assistentin und er duzten sich zwar, aber das war bereits das Persönlichste an ihrer Beziehung.

»Manchmal kommst du jetzt morgens ganz anders ins Büro. Ich weiß auch nicht …« Ina überlegte. »Irgendwie lockerer und besser gelaunt.« Dann korrigierte sie sich, damit Sebastian nicht dachte, sie wolle einen Spaßvogel als Chef: »Ich meine, nicht immer, aber öfter. Die anderen sagen das auch.«

»So?«, antwortete Sebastian und trank einen Schluck Kaffee. Was sollte er ihr antworten? »Vielleicht liegt's ja am Kaffee.« Mit dem Becher prostete er Ina zu und hoffte, dass sie sich damit zufriedengab.

Kaum war seine Assistentin an ihren Schreibtisch zurückgekehrt, lehnte sich Sebastian in seinem Bürostuhl zurück und verschränkte die Arme hinter dem Kopf. Nicht immer locker, aber öfter, hatte sie gesagt. Das gefiel ihm und beschrieb genau, wie er sich jetzt gern gefühlt hätte. Vielleicht sollte er aufhören, so hart mit sich ins Gericht zu gehen. Seine Frau sagte ihm das auch ständig. Aber sein Anspruch und damit auch seine Enttäuschung waren einfach so groß. Das spürte auch sein Team stärker, als ihm lieb war. Um so erstaunlicher war, dass sich seine angestrebte und praktizierte Selbstfürsorge bereits positiv auf seine Stimmung und in der Folge auch auf die Mitarbeitenden ausgewirkt hatte. Wenn sie das schon bemerkten, war es ja vielleicht sogar beruflich sinnvoll, sich konsequenter an die tägliche Auszeit zu halten. Das musste er unbedingt dem Freude-Kreis berichten.

Mit einer gewissen Vorfreude dachte er an das bevorstehende dritte Treffen. Was sie wohl diesmal erleben würden? Bisher gab es noch keine Agenda für Januar. Halt, da waren ja die Neujahrsvorsätze. Verdammt. Das hatte er komplett vergessen. Und das neue Jahr war schon wieder in vollem Gange. Er nahm den Kugelschreiber und ließ die Klemme ein paarmal schnappen, während er darüber nachdachte, was er sich für dieses Jahr vornehmen wollte: Zweimal pro Woche ins Fitnessstudio gehen, würde Spaß machen und seinem Körper guttun. Nein, das war bei seinem Arbeitspensum illusorisch. Mehr Zeit mit der Familie verbringen. Auch sehr schön. Aber ging es wirklich um mehr Zeit? Und wie viel von diesem Mehr war genug? Darauf wusste er keine Antwort. Er spürte nur, dass sich das Mehr komisch anfühlte. War mehr von etwas – mehr Zeit, mehr Sport, mehr Pause – wirklich, was er brauchte? Schließlich sehnte sich ein nicht so kleiner Teil von ihm beständig nach weniger: weniger Arbeit. Weniger Ärger. Weniger Druck. Weniger Stress. Er warf den Kugelschreiber auf den Schreibtisch. Wofür waren Neujahrsvorsätze eigentlich gut? Vielleicht sollte er den anderen am kommenden Sonntag einfach sagen, dass er davon nichts hielt.

Nein! Er hatte eine bessere Idee. Er öffnete seinen Onlinekalender und stellte von Montag bis Freitag einen Serienreminder um sieben Uhr ein. Dann las er sich laut vor, wie er diesen Termin benannt hatte: »Selbst-Versprechen: Freude-Termin.« Was seine Assistentin über diesen Eintrag denken mochte, war ihm egal.

Anna – zwei Stunden vor dem dritten Treffen

Eigentlich konnte Anna frühes Aufstehen nicht leiden. Schon gar nicht im Winter. Unter der Woche, wenn sie zur Uni musste, klopfte ihre Mutter oft mehrmals an die Tür, nachdem sie schon dreimal die Schlummertaste gedrückt hatte. Trotzdem schaffte sie es meist nur mit Mühe und Not pünktlich in die Vorlesung. Aber heute hatte der Tag irgendwie anders begonnen. Obwohl es draußen noch dunkel war, war sie vor dem Weckerläuten aufgewacht und sofort aus dem Bett gesprungen, weil sie so eine Lust auf einen Pilzkaffee hatte. Man sagte dem Getränk, das Vitalpilze enthielt und bei den Studenten gerade heißbegehrt war, eine fokussierende Wirkung nach. Angeblich sollte das Gehirn damit besser funktionieren. Genau das Richtige für das heutige Treffen.

Was wohl dieses Mal passieren würde? Und ob der Hund wiederkäme? Ihr Kater Diesel, der meist bei ihr schlief, hob gähnend und mit halb geschlossenen Augen den Kopf. »Dass ich schon auf bin, bist du von mir nicht gewohnt, hm?«, raunte ihm Anna zu und schlich in die Küche. Als der Kaffee aufgesetzt war, ging sie ins Bad. Bevor sie sich auszog, drehte sie das Wasser auf. Weil die Wohnung im dritten Stock lag, dauerte es, bis heißes Wasser kam. Nach einem kurzen Check stieg sie in die Kabine. Das warme Nass war sehr angenehm, belebte sie aber nicht. Ganz anders als das Eisbaden.

Es klopfte an der Badezimmertür. »Musst du heute nicht in den Englischen Garten?«, rief ihre Mutter von draußen.

Genervt drehte Anna den Hahn voll auf Blau. Sie spürte, wie das Wasser kälter wurde. Es lief über ihren Kopf, ihr Gesicht, den Rücken, die Brust hinab zu den Beinen. Sie schlotterte und musste sich zwingen, nicht zu kreischen. Einatmen. Ausatmen. Einatmen. Ausatmen. Langsam verflüchtigte sich der erste Schreck und der Frischekick setzte ein.

Als sie kurz darauf in Unterwäsche vor ihrem Kleiderschrank stand und mal wieder dachte, nichts zum Anziehen zu haben, fiel ihr auf, dass Diesel sich, seit sie aufgestanden war, nicht mehr gemeldet hatte. Normalerweise lief er ihr überall hin nach. Sie ging zum Bett und streichelte sein weiches Fell, doch er reagierte nicht. Sie rüttelte ihn. Nichts. Fünfundvierzig Minuten später stellte der Tierarzt, der sofort gerufen wurde, Diesels Tod fest. Als er gegangen und den Kater mitgenommen hatte, blieb Anna bewegungslos auf der Bettkante sitzen. Auf der Decke war noch der Abdruck von Diesels Körper zu erkennen. Zärtlich strich sie über den Stoff und dachte, während sie zu weinen anfing: Ich schaffe das nicht. Ich kann heute nicht zu dem Treffen gehen.

Januar

Drittes Treffen an der Surferwelle

Britta war als Erste am Treffpunkt. Sie hatte sich auf einen Baumstamm gesetzt, der am Ufer lag, und beobachtete einen einsamen Surfer, der mit geschmeidigen Bewegungen auf der Welle vor- und zurückglitt. Seine Stirnleuchte warf ein magisches Licht auf den dunklen Eisbach. Britta fiel das Strahlen in seinem Gesicht auf. Die Kälte schien ihm überhaupt nichts auszumachen. Sie zog den Schal enger und die Mütze tiefer ins Gesicht, weil es ein bitterkalter Januarmorgen war. Zum wiederholten Male fragte sie sich, warum Menschen das machten: bei Minusgraden, nur mit einem Neoprenanzug bekleidet, in einem sprichwörtlichen Eisbach zu surfen. Sie hätte sich noch nicht mal im Sommer dazu überwinden können.

Der Surfer fiel ins Wasser und schwamm zügig ans Ufer. Kaum hatte er wieder festen Boden unter den Füßen, hüpfte er lachend herum. Britta beneidete ihn für seine

Ausgelassenheit. Sein Gesichtsausdruck, als er schließlich mit seinem Board davonging, wirkte so glücklich. Das überraschte Britta erneut. War diese Freude etwa der Lohn dafür, sich selbst überwunden zu haben?

Die Kirchturmuhr hatte zum siebten Mal geschlagen, als Gerda, Klaus und Sebastian fast gleichzeitig aus verschiedenen Richtungen auftauchten.

»Morgen«, sagte Gerda, während sie die Klapphocker aufstellte.

Britta blieb auf dem Baumstamm sitzen. Klaus ließ sich neben ihr nieder.

»Wo bleibt denn Anna?«, fragte Sebastian und zog seinen Hocker näher an den Baumstamm. »Sie hat doch nicht etwa das Handtuch geschmissen?« Wenn ja, dachte er, dann wäre er noch der einzig Junge hier. Er setzte sich, zog sein Handy aus der Jackentasche und begann, Anna eine Nachricht zu scheiben.

Gerda zuckte mit den Achseln. »Sie hätte ja wenigstens über WhatsApp Bescheid geben können.« Beim Hinsetzen sagte sie: »Wir fangen einfach an. Blitzli…«

Mitten im Wort stoppte sie, als sie Sebastians leichtes Kopfschütteln registrierte. Das war ein stummes Coaching, ging ihr auf, weil sie schon wieder mal dabei war, mit Reden die Kontrolle zu übernehmen. Sie errötete, als Sebastian sie anlächelte. Der glaubte zu spüren, was gerade in Gerda vorging. Es war nicht so leicht, sich zu verändern. Das wusste er selbst nur zu gut. Man war sich selbst manchmal peinlich. Sie tat ihm leid. Er wollte ihr helfen.

»Ich fang mal an mit dem Blitzlicht, wenn es recht ist«, sagte er. »Mir geht es gut. Im letzten Monat sind mir zwei

Sachen aufgefallen. Ist es okay, wenn ich ein bisschen länger rede?«

Gerda, Klaus und Britta nickten fast gleichzeitig.

»Das Eisbaden hat echt was in mir bewegt. Ich hab mich dabei so gut gefühlt – und das hat sogar angehalten. Auf jeden Fall habe ich in der Zwischenzeit etwas begriffen.« Er bewegte ein paarmal den Kopf auf und ab und sagte dann: »Ich bin jemand, der sich gut überwinden kann, wenn es um Arbeit und Pflichten geht. Es befriedigt mich, wenn meine To-do-Liste kleiner wird.« Er hielt kurz inne. »Und gleichzeitig macht es mich unzufrieden, wenn dabei die Freude auf der Strecke bleibt. Erst habe ich nicht verstanden, was ich dagegen tun kann. Aber seit ein paar Tagen weiß ich es.« Sebastian machte erneut eine Pause.

Ja was denn?, dachte Gerda und rutschte unruhig auf ihrem Hocker herum. Britta ärgerte sich, dass Sebastian es so spannend machte. Bingo, ich ärgere mich, dachte sie. Klaus zeigte sich unbeteiligt, auch wenn er auf die anderen weniger abweisend wirkte als zu Beginn der Treffen. Sie konnten ja nicht ahnen, wie er jedes Wort von Sebastian bejahte. Sollte er erzählen, dass er seit dem letzten Treffen jeden Donnerstagmorgen zum Eisbaden im Englischen Garten war?

»Selbstüberwindung ist ein Schlüssel zum Wohlbefinden.« Sebastian verstummte erneut, damit seine Erkenntnis auch wirklich bei den anderen ankam. »Ich mache meine persönliche Freude ab jetzt zur Pflichtaufgabe. Auch wenn meine morgendliche Auszeit noch nicht optimal geklappt hat, bin ich mehr zu mir gekommen und auch irgendwie besser drauf. Das ist nicht nur meiner Familie aufgefallen, sondern auch meinem Team in der Firma.«

»Und noch was.« Er bat um die Genehmigung, bevor er weitersprach. »Über deinen Vorschlag mit den Neujahrsvorsätzen, Britta, habe ich auch nachgedacht. Ich mag mir keine weiteren Pflichten vornehmen.« Bei dem Wort »Pflichten« malte Sebastian Anführungszeichen in die Luft. »Deshalb habe ich nur einen Vorsatz für das kommende Jahr. Und das ist«, er begleitete sich selbst mit einem Trommelwirbel auf seinen Oberschenkeln. »Ich sorge jeden Tag dafür, mir mindestens einen Freude-Termin zu gönnen.«

Wirklich da sein

Vor langer Zeit hatte ich die Angewohnheit, mit meiner Schmalfilmkamera Super 8 am Ende jedes Films, den ich im Urlaub drehte, einen Sonnenuntergang einzubauen, quasi als künstlerische Schlusssequenz meines »Werks«. Meine Freunde amüsierten sich schon über diesen romantischen Touch. Heute gebe ich gern zu, dass ich meist erst zu Hause den gefilmten Sonnenuntergang wirklich erlebt habe. Denn vorher war ich so mit der notwendigen Technik beschäftigt, dass ich den schönen Augenblick verpasste.

Heute fokussiere ich mich viel stärker auf das intensive Gegenwartserleben und auf spielerisch schöpferisches Tun als auf Ziele – im obigen Beispiel der künstlerische Abgang. Die Freude, die ich dabei empfinde, ist unabhängig davon, ob die Arbeit erfolgreich war. Die wiederum erleichtert es mir, Ziele unverkrampft erfolgreich umzusetzen.

»Das ist so interessant, was du sagst«, reagierte Britta als Erste. »Mir geht es ähnlich. Ich würde gern aufhören können, mich zu beschweren, aber es denkt mich so schnell, dass ich nicht weiß, wie ich das schaffen soll.«

»Da kann dir die Wissenschaft weiterhelfen«, meldete sich Klaus zur Überraschung aller zu Wort. Er fand, dass Britta eigentlich eine nette Frau war, die ihm nur zu viel nörgelte. Ihre Frage kam ihm vor wie eine Aufforderung, ihr zu helfen. »Nehmen wir an, das Sich-nicht-mehr-Beklagen wäre ein Experiment, was du durchführst. Wie jedes Experiment müsste auch deines vier Bedingungen erfüllen: Planung. Zuverlässigkeit. Wiederholbarkeit. Und Objektivität. Was bedeutet das?« Klaus genoss es, sich auf so sicherem Terrain zu bewegen. »Punkt eins, Planung, heißt: Du musst dir genau zurechtlegen, wie du vorgehst. Es wäre ja sehr schwer, sich ab jetzt nicht mehr zu beklagen, oder?«

Alle stimmten ihm zu.

»Deshalb könnte es sinnvoll sein, deine Klagezeit erst mal zu begrenzen. Sagen wir zum Beispiel jeden Tag zwischen neunzehn Uhr und neunzehn Uhr dreißig. Ist das für dich machbar?«

Britta fühlte sich überrumpelt von so viel Pragmatismus, bejahte aber mit einer leichten Kopfbewegung.

»Gut. Als Nächstes musst du dich disziplinieren. Wenn du merkst, dass du jammerst, könntest du Stopp denken oder dir leicht auf deinen Handrücken schlagen. So wird dir deine Automatik bewusst. Das fasse ich unter der Bedingung Zuverlässigkeit zusammen.«

Klaus spürte, wie er so richtig in Fahrt kam. Sebastian hätte am liebsten mitgeschrieben, weil er das auch hilfreich für seine eigene Auszeitübung fand. Britta war immer noch sprachlos. Sie fand die Idee von Klaus praktisch und umsetzbar. Gerda stellte fest, dass dieses Blitzlicht gar kein Blitzlicht mehr war. Aber es störte sie nicht, denn sie fühlte sich an ihr Physikstudium erinnert. Sie schätzte die rationale Vorgehensweise in der wissenschaftlichen Forschung, hatte sich aber in den letzten zwanzig Jahren nicht mehr damit beschäftigt. Ihr neues Vorhaben – still sein – war ja in gewisser Weise auch wie ein Experiment.

»Kommen wir zu Bedingung Nummer drei: Wiederholbarkeit. Und das wandle ich jetzt ein bisschen unwissenschaftlich ab: Du musst dich verbindlich an die gleiche Vorgehensweise halten. Keine Ausnahme und keine Abweichung. Die Objektivität deines Vorgehens, und das ist Bedingung vier, ist nur gewährleistet, wenn du akribisch dranbleibst. Es mal zu tun und mal nicht, das würde dein Ergebnis verfälschen. Klar?«

Britta nickte wie eine Studentin, die ihrem strengen Professor zeigen wollte, dass sie aufgepasst hatte.

»Da kommt Anna«, rief Gerda auf einmal und deutete auf die Brücke, wo die junge Frau auf dem Gehsteig fahrend in die Pedale trat. Anna hatte sich, nachdem der Tierarzt weg war, ins Bett gelegt, die Decke über den Kopf gezogen und bitterlich geweint. Als gefühlt keine Tränen mehr übrig waren, erinnerte sie sich an die anderen, die bestimmt schon an der Surferwelle saßen. Ihr fiel das Versprechen ein, das sie gegeben hatte: zu jedem Treffen zu erscheinen – egal, was gerade passierte. Daraufhin hatte sie sich aufgerafft, sich schnell das Gesicht gewaschen und sich auf ihr Rad geschwungen.

Erschöpft und schwer atmend ließ sich Anna nun auf den Baumstamm rechts neben Klaus fallen. Ihm fiel auf, dass sie verweinte Augen hatte. Ihre Haare waren zerzaust, als hätte sie sich heute Morgen nicht gekämmt. Gerda holte ihre Thermoskanne raus.

»Entschuldigt, dass ich zu spät komme«, stammelte Anna. »Aber … es ist etwas Schreckliches passiert.«

»Trink erst mal 'nen Schluck«, sagte Gerda und drückte ihr einen Becher Tee in die Hand, den sie schnell eingeschenkt hatte. »Ich hab auch was Stärkeres dabei.«

Anna schüttelte den Kopf, während sie den Becher mit ihren Fingern umklammerte. Als die Wärme durch die Haut drang, merkte sie erst, dass sie gar keine Handschuhe anhatte. Sie hatte sie ebenso wie die Mütze in der Eile zu Hause liegen gelassen.

»Erzähl«, forderte Sebastian sie auf.

»Ich … ich weiß nicht …, wo ich anfangen soll.« Unter vielen Schluchzern schaffte sie es schließlich, von ihrem Kater zu erzählen. Klaus zog ein frisches Stofftaschentuch aus seiner Hosentasche, das er jeden Morgen aus dem Schrank holte, und hielt es Anna hin. Sie schnäuzte sich lautstark.

»Er hat sich einfach nicht mehr gerührt«, erzählte sie weiter. »Und dann kam der Tierarzt und hat ihn mitgenommen.« Sie schluchzte erneut. »Da hat er eben noch friedlich geschlafen und auf einmal ist sein Platz auf meiner Bettdecke kalt. So als hätte es ihn nie gegeben.«

Sie weinte wieder heftig. Britta legte den Arm um die herzzerreißend schluchzende Anna und drückte ihren Kopf an ihre Schulter. Sie streichelte ihr über das Haar und wiegte sie sanft. Das hatte ihre Mutter immer getan, wenn die kleine Britta traurig war.

Niemand sprach. Alle waren bedrückt und fühlten mit Anna, die sich langsam beruhigte.

Sebastian hätte gern etwas Tröstendes gesagt. Aber es wollte ihm einfach nichts einfallen. Seine Frau warf ihm öfter vor, er sei, wenn es einem in der Familie schlecht ging, zu pragmatisch und hätte sofort eine Lösung parat. »Hör doch einfach nur zu.« Aber er konnte seine Frau sehr schlecht weinen sehen. Das tat ihm weh, so wie gerade bei Anna. Schnell eine Lösung zu finden, erschien ihm der einzige Weg, um den Kummer eines anderen auszuhalten.

Klaus war ganz grau im Gesicht geworden. Doch keiner bekam das mit. Er atmete heftiger. Kalte Schweißperlen traten ihm auf die Stirn. Er fasste sich an die Brust, als könnte er damit sein Herz bremsen, das immer schneller raste. Sein Brustkorb fühlte sich so eng an, dass er glaubte zu ersticken. Musste er jetzt sterben? Er schnappte nach Luft und begann zu hecheln.

»Was ist los, Klaus?« Sebastian machte einen Satz auf ihn zu und lockerte den Schal um seinen Hals.

Britta ließ Anna los, sprang auf und schrie beinahe: »Langsam und tief atmen. So wie Gerda es beim letzten Treffen vorgemacht hat. Los, ich zähl mit: eins, zwei, drei, vier einatmen. Eins, zwei, drei, vier ausatmen.«

»Ich glaube, er hat eine Panikattacke«, sagte Gerda. Während sie ihren Rucksack nach dem Flachmann durchsuchte, wunderte sie sich, dass Klaus seine Eheprobleme so mitnahmen.

Anna, die sich einigermaßen gefangen hatte, fischte aus ihrer Tasche eine Papiertüte mit Keksen, die sie gestern gebacken hatte. Sie leerte den Inhalt auf den Boden, was Sebastian kurz bedauerte, und reichte Klaus die Tüte. »Atme da rein.«

Klaus tat, was sie ihm sagte. Langsam beruhigte sich seine Atmung. Als Biologe wusste er, dass beim Hyperventilieren wegen des hektischen Einatmens das Kohlendioxid im Blut abnahm. Das In-die-Tüte-Atmen half, die Lungenfunktion wieder zu regulieren. Diese nüchterne Analyse seines Zustandes beruhigte ihn zudem.

»Was war das denn?«, fragte Sebastian, als Klaus sich wieder einigermaßen gefangen hatte.

Klaus, immer noch leichenblass, hatte bisher keinem Menschen offenbart, was ihn seit Monaten so stark bedrückte und ihm bis auf die paar Minuten Eisbaden die Freude vergällte. »Ich …«, setzte er an, nur um gleich darauf wieder zu verstummen.

Zwei junge Männer in Neoprenanzügen kamen mit ihren Brettern unterm Arm an der Surferwelle an. Sie unterhielten sich lautstark darüber, dass man nur noch frühmorgens wirklich ungestört surfen konnte. Tagsüber würde die Schlange der Wartenden immer länger. Sogar im Winter. Einer der beiden sprang vom Ufer aus auf sein Board und jauchzte beim Tanz über die Welle. »Yeahhhh«, stimmte der andere mit ein.

»Vielleicht sollten wir ein bisschen spazieren gehen«, schlug Britta vor, weil die so laute Freude der beiden für Klaus bestimmt schwer zu ertragen war. »Die Bewegung tut uns allen gut.«

Sebastian half Gerda, die Klapphocker einzusammeln. Er hängte sich drei an den Arm und Gerda nahm zwei. Anna hob die Kekse auf und stopfte sie sich in die Jackentaschen. Sie schmeckten zu gut, um sie zurückzulassen. Britta hakte sich bei Klaus unter und hoffte, dass er das richtig deuten würde. Er war so nett zu ihr beim Eisbaden gewesen, sie half ihm gern. Klaus war nicht in der Verfassung, sich gegen irgendetwas zu wehren. Im Gegenteil, die Nähe brauchte er jetzt.

Schweigend gingen sie nebeneinander auf dem Kiesweg in Richtung große Wiese. Gerda blieb einmal kurz stehen, um den Schnürsenkel an einer ihrer Stiefeletten zu binden. Anna fiel etwas zurück, während sie an Diesel dachte, holte die anderen aber gleich wieder ein. Klaus setzte wie ein Roboter einen Schritt vor den anderen und hoffte, dass die Weite, die sich vor ihm auftat, eine Besserung seines gegenwärtigen Zustandes bewirkte. Er fühlte sich, als hätte er gerade einen Marathon in der Wüste hinter sich.

Am Schwabinger Bach, wo sie das letzte Mal Eisbaden waren, machten sie halt und schauten aufs Wasser, das schnell an ihnen vorbeisprudelte. Klaus sah zum anderen Ufer hinüber. Dort entdeckte er, etwas weiter entfernt, den Hund, der ausgelassen über die Wiese sprang. Er wirkte so glücklich, so ganz im Hier und Jetzt. Der hat heute bestimmt keine Lust auf uns, dachte Klaus und konnte es ihm nicht verdenken. Oder bildete er sich den Hund am Ende nur ein? Verstohlen schaute er zu den anderen. Die schienen den Vierbeiner nicht bemerkt zu haben. Als er wieder hinsah, war der Hund weg.

Die fünf standen bestimmt drei Minuten lang schweigend am Ufer, bis Klaus plötzlich sagte:

»Ich habe Krebs.«

Das zeigte Wirkung: Britta sah zu Boden und dachte an ihre Mutter. Anna wischte sich verstohlen eine Träne aus dem Augenwinkel. Gerda und Sebastian fingen an, die Klapphocker nebeneinander am Ufer aufzustellen. Beide hatten Mühe, mit dieser Nachricht umzugehen. So kann man sich täuschen, dachte Gerda, da lag ich mit den Eheproblemen völlig daneben. Die Dinge waren halt oft nicht so, wie sie schienen.

Als die fünf auf ihren Hockern saßen, fühlten sie sich irgendwie verbunden, obwohl keiner von ihnen etwas sagte oder tat.

Schließlich begann Klaus zu erzählen: »Vor drei Monaten hat man Darmkrebs bei mir diagnostiziert. Routineuntersuchung, wie alle paar Jahre. Stadium zwei.« Klaus holte tief Luft. »Es besteht eine gute Heilungschance, haben sie gesagt. Drei viertel der Patienten gelten fünf Jahre nach der OP als geheilt.«

»Bist du denn schon operiert?«, fragte Britta.

Klaus schüttelte den Kopf.

»Um Himmels Willen«, entfuhr es Britta, »du musst das machen lassen.«

»Das weiß ich selber.« Klaus presste die Lippen aufeinander. Er schämte sich so sehr für seine Unfähigkeit, das proaktiv anzugehen. Dafür, dass er den Kopf in den Sand steckte. Ausgerechnet er, der Wissenschaftler.

»Und jetzt?«, fragte Anna und bekam ein Achselzucken von Klaus zur Antwort.

»Was sagt denn deine Frau?«, fragte Britta.

»Die weiß es nicht.« Klaus, noch beschämter, strich sich mit einer Hand übers unrasierte Kinn.

»Waaas?« Britta schüttelte den Kopf. Wahrscheinlich vermutete seine Frau auch, dass er eine Affäre mit einer anderen hatte, weil er so komisch war. Die Arme!

»Du musst das in Angriff nehmen«, ordnete Gerda mit mütterlicher Strenge an. »Das darf jetzt nicht mehr aufgeschoben werden. Hörst du?«

Klaus nickte.

»Mach dir keinen Kopf wegen uns«, warf Anna ein. »Steht das eigene Leben auf dem Spiel, darf man auch aussetzen.« Sofort hätte sie sich dafür ohrfeigen können, so unsensibel zu sein.

»Ich fahr dich zum Arzt. Nächste Woche!«, sagte Gerda und setzte, als Klaus abwehrend die Hände hob, noch dazu: »Keine Widerrede!«

Halb im Widerstand, halb erleichtert, ergab sich Klaus und fühlte sich im Augenblick aufgehoben.

Zuversicht

Für viele bedeutet Zuversicht, zu hoffen, dass schon irgendwie alles gut wird. Man könnte das auch Gottvertrauen nennen. Mein Zugang ist anders: Wenn alles, was ich erlebe, auf mein Selbstentwicklerkonto einzahlt und ich quasi das Leben als meinen Coach begreife, ist alles, was mir passiert, in diesem Kontext sinnvoll. Diese Philosophie verstärkt mein Vertrauen, mit Unvorhergesehenem erfolgreich umzugehen. Weil ich so nicht im Katastrophendenken lande, bin ich in der Lage, Herausforderungen erwachsen zu begegnen, statt ins Jammertal zu fallen. Eine zuversichtliche Haltung entsteht also in mir und kommt nicht aus einer Glaubenswelt.

Sebastian war erstaunt darüber, wie sich die Dinge entwickelten. Er hätte nicht gedacht, dass zwischen fremden Menschen in nur drei Treffen eine solche Nähe entstehen könnte. Heute waren alle so, er suchte nach dem richtigen Wort, so ungeschminkt. Echt. Authentisch. Genau, das war es. Vielleicht konnten sie so miteinander sein, weil sie zwar weder eine gemeinsame Vergangenheit noch eine gemeinsame Zukunft, sehr wohl aber ein gemeinsames Ziel verband.

Klaus starrte in gebückter Haltung vor sich hin und malte mit seinem Schuh kleine Kreise in den Kies. »Wisst ihr, was das Schlimmste ist?«, sprach er weiter. »Seit der Diagnose bin ich zum Sklaven dieser Krankheit geworden. Sie bestimmt mein Denken und ich fühle mich machtlos dagegen.« Er verbarg sein Gesicht in den Händen: »Ich wünschte, ich könnte noch mal einfach nur so unzufrieden und schlecht gelaunt sein wie vor der Diagnose.«

Dieser letzte Satz erfasste sie alle. Ihre Probleme wirkten auf einmal so klein.

Was Klaus dachte, aber nicht sagte: dass er alles gegeben hätte, um auch so ein Experiment wie Britta machen zu dürfen. Oder wie Sebastian an der Selbstüberwindung zu arbeiten. Alle die Herausforderungen des Lebens, die ihm vor der Diagnose so schwer erschienen waren, kamen ihm auf einmal kinderleicht vor. Aber die Zeit ließ sich nicht zurückdrehen.

»Ich mag nicht mehr von mir reden«, sagte er schließlich, weil ihm alles zu viel war. »Du hast heute fast noch gar nichts gesagt«, wandte er sich an Gerda, die ihm als sichere Bank erschien, wenn es darum ging, das Wort abzugeben.

Gerda schüttelte bloß den Kopf. Sie wünschte sich, ihre gegenwärtigen Gefühle besser ausdrücken zu können, um Klaus Halt zu geben.

Die Gruppe blieb eine Weile stumm.

»Ich würde jetzt gern nach Hause gehen«, sagte Klaus.

Keiner widersprach. Klaus stand auf und verabschiedete sich.

Als er weg war, wusste keiner so recht, wie man nach seiner Offenbarung wieder ins Gespräch finden sollte. Alle schwiegen.

»Ich habe etwas, das mich beschäftigt«, fasste sich Sebastian schließlich ein Herz.

»Erzähl«, ermutigte ihn Anna, froh darüber, dass die traurige Stille durchbrochen war.

»Ganz am Anfang haben wir mal darüber gesprochen, wie wir uns nach den sechs Treffen fühlen wollen. In welcher Stimmung wir dann sein werden. Aber da ist noch eine Frage, die ich genauso wichtig finde: Was für ein Mensch will ich sein? Was ist für mich wirklich von Bedeutung? Ich habe das dringende Bedürfnis, darauf eine Antwort zu finden.«

»Warum?«, fragte Britta, die sich diese Frage noch nie gestellt hatte. Sie hatte sich höchstens manchmal gewünscht, jemand anderes zu sein, vor allem, wenn sie sich nicht wohl in ihrer Haut fühlte und es allen um sie herum besser als ihr zu gehen schien.

»Weil ich gern mehr so wäre, wie ich mich im Selbst gespürt habe: gelassen, heiter und freier. Ich kriege das leider nur selten hin.«

»Aber man kann doch nicht so einfach jemand anderes sein«, stellte Gerda fest. »Das ist doch genetisch bestimmt.«

»Aber nur zu ungefähr fünfzig Prozent«, schaltete sich Anna ein. »In der Schule habe ich im Bioleistungskurs gelernt, dass unsere Veranlagung nur zur Hälfte beeinflusst, wie wir sind. Wie Familie, Gesellschaft oder Umstände dich geprägt haben – das kannst du schon verändern.«

Während sie sprach, wurde Anna bewusst, welche Freiheit das bedeutete: dass jeder hier mindestens zu fünfzig Prozent selbst über das eigene Leben und besonders das Erleben bestimmen konnte. Und dass auch sie nicht so werden musste, wie ihre Eltern sich das vorstellten.

»Und wie macht man das?«, fragte Gerda und blieb skeptisch.

»Eine Sache wissen wir ja schon«, sagte Britta. »Die Verantwortung für die eigene Gestimmtheit übernehmen und sich für eine lebensbejahende Haltung entscheiden.«

»Und sich dabei beobachten, wie gut es einem gelingt«, ergänzte Sebastian.

»Stimmt.« Britta hätte den anderen ein Lied davon singen können, wie schwer es war, nicht immer wieder in alte Muster zu fallen. Stattdessen sagte sie: »Ich muss zugeben, dass ich viel leichter sagen kann, wie ich nicht mehr sein will, als wie ich sein will. Seit unserem ersten Treffen schwanke ich zwischen ›So will ich nicht mehr sein!‹ und ›Wie will ich eigentlich sein?‹.«

Wer oder wie will ich sein?

Mit einer Idee davon, wer oder wie ich sein will, stelle ich mir fünf Prüffragen, um aus einer möglichen Fremd- in die Eigenbestimmung zu kommen:

- Will ich es wirklich, wirklich, wirklich?
- Wenn ja, was brauche ich, um das zu schaffen?
- Woher bekomme ich das?
- Welche Opfer muss ich dafür bringen?
- Wie fühle ich mich dann, wenn ich so bin?

»Und wie willst du nicht mehr sein?«, fragte Gerda, der es ähnlich wie Britta ging.

Britta überlegte kurz. »Ich will anderen gegenüber nicht so verschlossen sein. Keine Vorurteile haben. Ich mag auch nicht …«, sie stockte, weil es ihr sichtlich schwerfiel, das Folgende auszusprechen, »dass ich manchmal so kalt auf andere wirke.«

»Darf ich mal versuchen, das positiv umzuformulieren in das, wie du sein könntest?«

»Na klar«, antwortete Britta bewusst locker, denn sie bemerkte, dass Annas Vorschlag sie verunsicherte.

»Also«, setzte Anna an, »du möchtest anderen Menschen gern freundlicher und mit Mitgefühl begegnen. Dich mehr für sie interessieren – ohne Vorurteile oder Erwartungen.«

»Genau!« Britta war verblüfft darüber, wie einfach das klang. »Ja, Anna. So wäre ich gern.«

»Und warum?«, fragte Sebastian.

»Hm, ich glaube, dann ginge es mir besser, weil ich mehr wagen und erleben würde. In den letzten zwei Monaten ist mir eines klar geworden: Mein Mich-Beschweren und -Beklagen passt nicht zu unserem Thema Lebensfreude.« Britta spürte, wie gut ihr dieses Gespräch gerade tat. »Ich glaube, ich bringe mich manchmal selbst um die Freude, weil meine Vorstellungen und Erwartungen an mich und andere wie eine Mauer sind, die mir den Blick auf das Schöne verstellt. Versteht ihr, was ich meine?«

Sebastian wusste nur zu gut, wovon Britta sprach. Dem Sebastian, der er sein wollte, gelang es leicht, sich proaktiv einen Raum zu erschaffen, in dem er sich mit der Schönheit des Lebens verbunden fühlte. Der Sebastian, der er gegenwärtig war, bekam das jedoch nicht hin.

»Worüber du dich besonders stark aufregst, ist ein nicht integrierter Teil von dir selbst«, warf Gerda ein. »Das hab ich hab mal in einem Psychologiebuch gelesen.« Sie genierte sich bereits, so schlau dahergeredet zu haben.

»Wie willst du denn sein, Anna?«, fragte Sebastian schnell. Denn Gerdas Bemerkung hatte das Potenzial, dieses emotionale und konstruktive Gespräch zu ersticken.

»Selbstbestimmt«, kam es wie aus der Pistole geschossen. »Ich möchte ganz allein entscheiden, wie ich mein Leben führe.« Es nervte sie kolossal, mit ihren Eltern dauernd deswegen zu streiten. Sie drehte sich zu Gerda: »Und du?«

Gerda fühlte sich wie als Vierzehnjährige, als sie zur Vorbereitung auf die Firmung zur Beichte gehen musste. Damals kam sie sich so dumm vor, weil sie nicht recht wusste, was sie denn dem Pfarrer sagen sollte. Auch jetzt hätte sie lieber geschwiegen und nur zugehört. Aber sie spürte, dass die anderen auf eine Antwort warteten. Wollte sie ein gleichberechtigter Teil dieses Freude-Kreises bleiben, musste sie sich jetzt äußern. »Also … ich …«, stotterte sie, »ich … glaube, ich würde mich gern mehr einlassen und zugänglicher sein.« Sie machte eine Pause, um mehr Mut zum Weitersprechen zu sammeln. »Die meiste Zeit … äh … fahre ich eher mit angezogener Handbremse durchs Leben.« Sie spürte, wie sie ihr Bekenntnis erleichterte.

»Und wie könnten wir es hinkriegen, diese ominöse Handbremse zu lösen? Mehr zu wagen, so zu sein, wie wir sein wollen?«, fragte Britta.

»Ich weiß, wie«, sprudelte es aus Anna heraus. »Ich schreibe manchmal Tagebuch und reflektiere seit Kurzem jeden Abend, ob ich geschafft habe, was ich mir vorgenommen habe, und wo es noch Luft nach oben gibt. Das könnten wir doch alle machen.«

Die Blicke der anderen verrieten Anna, dass man sie noch nicht verstanden hatte. Also führte sie weiter aus: »Nehmen wir zum Beispiel Gerda: Sie will sich mehr einlassen. Sie könnte sich ja jeden Abend fragen: Habe ich das heute geschafft? Und dann schriftlich bewerten, wie gut es ihr gelungen ist: zu hundert Prozent, zu achtzig Prozent oder zu dreißig Prozent.«

Zunächst war es Gerda unangenehm, von Anna belehrt zu werden. Sie kam sich vor wie in der Schule. Dieses junge Ding probierte einfach Sachen aus, während Gerda alles zerdachte, bevor sie sich einen Millimeter aus ihrer Sicherheitszone bewegte. Widerstand und Trotz waren oft ihre erste Reaktion, wenn sie sich unwohl fühlte. Wahrscheinlich meinte Anna es ja gut mir ihr. Also überwand sie sich und sagte: »Das ist eine gute Idee.«

»Bitte sag das noch mal«, rutschte es Anna heraus, weil sie sich freute, dass Gerda sie lobte.

Mit einem Lächeln winkte Gerda ab.

»Aber reicht Bewerten aus?«, gab Sebastian zu bedenken. »Da würde ich mich ja schlecht fühlen, wenn ich es nicht geschafft habe. Sollten wir nicht in einem zweiten Schritt aufschreiben: Was mache ich das nächste Mal besser?«

»Auch ein guter Vorschlag«, sagte Gerda und fühlte sich wieder wohler. »Ich erzähle das Klaus, wenn ich ihn zum Arzt fahre.«

Gerdas Worte wirkten auf alle wie ein Schlusswort. Alle vier brauchten jetzt Ruhe, um den intensiven Morgen zu verarbeiten.

»Dann sehen wir uns nächsten Monat am Chinesischen Turm«, schlug Britta vor und stand auf.

»Wenn was ist, schreibt in die Gruppe«, fügte Sebastian hinzu.

In der Zwischenzeit

Klaus – vier Tage nach dem dritten Treffen

Erschöpft und erleichtert zugleich hielt Klaus auf dem Sofa im Wohnzimmer sitzend die Hand seiner Frau. Sie kämpfte mit den Tränen. Es war dunkel im Raum, weil keiner das Licht angemacht hatte, als die Dämmerung hereinbrach. In der Finsternis war es weniger bedrohlich, das Unaussprechliche zu besprechen, fand Klaus. Er drückte die Hand seiner Frau fester, als könnte er damit ihre Tränen stoppen. Aber das funktionierte nicht. All die Monate hatte er darunter gelitten, ihr so viel Kummer zu bereiten. Doch seit er beim Arzt gewesen war und endlich wusste, was zu tun war, fühlte er sich befreiter und stark genug, sie endlich einzuweihen. Genau das hatte er eben so sanft wie möglich getan.

»Und jetzt?«, fragte seine Frau.

»Am kommenden Montag ist die OP. Danach folgt eine Reha. Chemo brauche ich wahrscheinlich nicht.«

»Sei ehrlich: Wie stehen unsere Chancen?«

Klaus – gerührt davon, dass seine Frau im Wir gesprochen hatte – drückte erneut ihre Hand. Dann antwortete er mit einem schiefen Lächeln auf den Lippen, was sie jedoch im Dunklen nicht sah: »Mit etwas Glück gelte ich in fünf Jahren als geheilt.« Er seufzte, als ihm aufging, dass er Glück noch nie unter dem Überlebensaspekt betrachtet hatte, sondern immer als ein Luxusprodukt, das er sich leider nicht leisten konnte.

Seine Frau schluchzte. Klaus war sich nicht sicher, ob sie erleichtert war, dass sein Krebs besiegt werden konnte, oder ob sie eher fürchtete, ihren Mann zu verlieren. Bei diesem letzten Gedanken konnte auch er die Tränen nicht mehr zurückhalten. Hand in Hand saßen die beiden nebeneinander und weinten. Wahrscheinlich erging es seiner Frau wie ihm, als er die Diagnose bekam. Das war erst mal ein Schock gewesen. Auch wenn die Ärzte ihm Hoffnung machten, hatte er sich erst an die Tatsache gewöhnen müssen, das Spiel des Lebens zu früh verlieren zu können.

Nach seiner Panikattacke und dem Geständnis im Englischen Garten hatte sich das erste Mal so etwas wie Erleichterung eingestellt. Auszusprechen, dass die Krankheit ihm die Luft abschnürte und er sich ohnmächtig fühlte, hatte gutgetan. Inzwischen war sogar so etwas wie Kampfgeist in ihm erwacht. Als Gerda ihn vor zwei Tagen zum Arzt fuhr, hatte sie von Sebastians Frage »Wer will ich sein?« erzählt. Vor der Diagnose hätte Klaus nicht sofort eine Antwort darauf gewusst. Vielleicht wagemutiger, mehr ein Draufgänger? Aber ob er das noch schaffen würde, war ihm sofort durch den Kopf gegangen. Doch seit er das weitere Vorgehen mit dem Arzt besprochen hatte, wusste er die Antwort auf Sebastians Frage. Er wollte jemand sein, der am Leben bleibt! Auch wenn er es letzten Endes nicht allein in der Hand hatte, wieder gesund zu werden, so besaß er zumindest die Freiheit, zu entscheiden, wie er mit dieser Situation umging. Eine zuversichtliche Haltung würde ihm ein Stück weit das Gefühl vermitteln, die Kontrolle zu behalten.

Das bestätigte auch eine Studie, die er in einer Zeitschrift im Wartezimmer seines Arztes gelesen hatte. Darin ging es um Herzpatienten, die sich einer Bypass-Operation unterzogen. Die eine Versuchsgruppe besprach mit einem Psychologen Zukunftspläne im Hinblick darauf, was sie an Positivem drei Wochen und drei Monate nach der OP vorhatte: reisen, den Garten pflegen, Spaziergänge in der Natur, ein Geburtstagsfest … Die andere Versuchsgruppe ging in die OP, ohne solche Pläne zu bereden. Das Ergebnis brachte das rational-analytische Weltbild von Klaus ins Wanken: Die Patienten mit der zuversichtlichen Perspektive auf eine schöne Zukunft hatten die Operation besser überstanden und die Genesungszeit war kürzer. Das belegten beispielsweise die Entzündungswerte und die Stresshormone im Blut.

Diese Studie hatte Klaus Auftrieb gegeben. Von da an war er entschlossen, alles zu tun, um den guten Ausgang seiner Behandlung möglichst günstig zu beeinflussen. Die Erkenntnis, dass er Handlungsspielraum hatte, gab ihm auch die Kraft, endlich mit seiner Frau zu sprechen. Sie war der wichtigste Mensch in seinem Leben und er brauchte sie in dieser schweren Zeit an seiner Seite. Die Zukunft war ungewiss. Denn trotz der mutmachenden medizinischen Aussichten konnte er nicht wirklich sicher sein, in fünf Jahren noch hier zu sein. Umso wichtiger schien es ihm, sich nicht von der Angst beherrschen zu lassen und die Zeit, die ihm blieb, egal wie lang sie sein mochte, intensiv zu erleben. Das war ein nicht ganz leichter Balanceakt, aber mit der Hilfe seiner Frau konnte er es schaffen.

Klaus ließ die Hand seiner Frau los, legte den Arm um sie und lehnte seinen Kopf an ihren. So nah habe ich mich ihr schon lange nicht mehr gefühlt, dachte er und spürte, dass es ihr wohl ebenso ging.

»Liebes«, sagte er schließlich. »Jetzt, wo nicht klar ist, wie lange ich noch habe, weiß ich, wie wertvoll leben für mich ist.«

Er war dankbar, sich dieser Herausforderung im Freude-Kreis zu stellen. Und ohne das hartnäckige Drängen seiner Frau wäre er nicht dorthin gegangen.

Anna – vierzehn Tage nach dem dritten Treffen

Den Laptop auf dem Schoß lag Anna im Bett und schaute sich eine Dokumentation über die serbische Performance-Künstlerin Marina Abramović an. Sie war fasziniert von ihrer Arbeit, die einen nicht nur zum Nachdenken anregte, sondern oft auch tief berührte, manchmal sogar schockierte. Die Performances erinnerten sie an den Freude-Kreis, weil jedes Treffen so überraschende Wendungen nahm. Vor allem der letzte gemeinsame Sonntag war für sie berührend gewesen. Ob Klaus schon zum Arzt gegangen war? Und wie es ihm wohl ging?

Anna horchte auf, als die Sprecherin der Dokumentation sagte, dass Marina Abramović eigentlich gar keine

Performance-Künstlerin werden wollte. Sie interessierte sich für Malerei und ging in Belgrad auf die Kunstakademie. Dort entwickelte sie sich künstlerisch weiter: Sie erkundete den menschlichen Körper und setzte ihn künstlerisch ein. Das brachte ihr im Lauf der Zeit nicht nur Ruhm, sondern auch Kritik, manchmal sogar Spott ein. Die Menschen verstanden ihre Arbeit oft nicht. Aber sie machte unbeirrt weiter.

Sich nicht von anderen beirren lassen, den eigenen Weg finden und gehen – das gefiel Anna. Aber wie machte man das, wenn man noch gar kein Ziel hatte? Sie fühlte sich so oft zwischen zwei Stühlen: zwischen Jurastudium und ihrer Liebe zur Kunst, zwischen Pflicht und Vergnügen.

Sie richtete ihre Aufmerksamkeit wieder auf die Dokumentation. Gerade kam die Künstlerin selbst zu Wort: »Wer im Leben nicht leidenschaftlich ist, ist es auch nicht in der Kunst.«[1] Was für ein starker Satz, dachte Anna. Bisher war sie der Meinung gewesen, man könne entweder leidenschaftlich Kunst machen oder frustriert Geld in einem ungeliebten Beruf verdienen. Das behaupteten zumindest ihre Eltern, die sich in Annas Augen so sehr an dieses Entweder-oder klammerten, dass sie gar nicht mehr hinterfragten, ob es noch andere Optionen geben könnte. Leider erwarteten sie diese Einstellung auch von

---

1 Amazon Prime, *The New Yorker presents*, Staffel 1, Folge 3: Ein Gespräch zwischen Marina Abramović und Ariel Levy, 2016 (Minute 0:41 bis 7:43). Von hier stammen auch die weiteren Zitate von Marina Abramović.

ihrer Tochter. Aber so konnte und wollte Anna nicht sein. Sie wollte alles im Leben leidenschaftlich machen.

Anna drückte die Stopptaste, um die Dokumentation anzuhalten, legte den Laptop zur Seite und nahm ihr Tagebuch vom Nachtkästchen. Dann schrieb sie: Vielleicht ist das Leben gar kein Entweder-oder. Aber was ist dann die Alternative? Anna überlegte gründlich. Langsam formte sich ein Gedanke in ihrem Kopf, den sie schließlich aufschrieb. Ich will Kunst machen, weil mich das glücklich macht. Und ich studiere fertig, weil ich jetzt noch nicht weiß, ob die Kunst auf Dauer mein beruflicher Weg ist. Anna dachte weiter nach, während sie an der Kappe ihres Kugelschreibers kaute. Sowohl als auch – das war ihr neues Motto. Von jetzt an würde sie sich nicht mehr von ihren Eltern sagen lassen, wo es im Leben langging, sondern selbst entscheiden.

Zufrieden mit sich selbst legte sie das Tagebuch weg, ließ sich in die Kissen fallen und startete die Dokumentation wieder. Gerade ging es um eine Performance aus dem Jahr 2014, in der sich Abramović auf das Nichts fokussierte. Dafür hatte sie im New Yorker Museum of Modern Art einen weißgestrichenen leeren Raum geschaffen, den die Ausstellungsbesucher mit geräuschschluckendem Kopfhörer und Augenbinde betraten. Mit ihrer Performance wollte die Künstlerin den Anwesenden dabei helfen, einen stillen und störungsfreien Zustand zu erreichen, körperlich wie geistig.

Die Menschen seien so müde von der Elektronik, erzählte Abramović im Interview, von Selfies und von Telefonen und Computern. »Wenn man nun all dies wegnimmt und die Menschen in einen leeren Raum stellt, mit verbundenen Augen und Kopfhörern, dann sind sie schließlich ganz bei sich selbst.«

»Das ist es«, dachte Anna und stoppte den Film erneut. Experimentieren und Neues wagen – das war der Grund, warum sie Kunst machen wollte, und auch, weshalb sie immer lieber in den Freude-Kreis ging. Sich wirklich aufs Leben einlassen! Sie ließ die Dokumentation wieder laufen.

Immer wieder kam es Anna so vor, als würde Marina Abramović zu ihr sprechen. Was hätte sie dafür gegeben, bei der Retrospektive damals im Museum of Modern Art die Energie im Raum zu spüren. Auszuprobieren, ob man mit geschlossenen Augen wirklich mehr sehen und mit geschlossenen Ohren wirklich mehr hören konnte.

Auf einmal kam ihr ein Gedanke. Sie zückte ihr Handy und schrieb ihren vier Freude-Beauftragten eine Nachricht in die WhatsApp-Gruppe: »Googelt mal die Performance-Künstlerin Marina Abramović. Sie hat mich auf eine Idee für ein Experiment gebracht, das ich gern das nächste Mal mit euch machen möchte. Bitte bringt eine Augenbinde und am besten Noise-Cancelling-Kopfhörer mit.«

Sie schnappte sich ihr Tagebuch wieder und trug ein: Heute habe ich mich getraut, zu mir zu stehen und meine Ideen auszusprechen. Selbstbestimmung top. Danach legte sie den Laptop und das Tagebuch aufs Nachtkästchen, löschte das Licht und war innerhalb von zwei Sekunden friedlich eingeschlafen.

Sebastian – drei Wochen nach dem dritten Treffen

Mit geschlossenen Augen saß Sebastian um sieben Uhr früh auf einer Parkbank im Englischen Garten, diesmal am Schwabinger Bach. Obwohl er es endlich wieder geschafft hatte, sich an seine Auszeit zu halten, konnte er sich nicht wirklich entspannen. Er fokussierte sich auf die ihn umgebenden Geräusche. Aber die automatischen Gedanken an die Arbeit störten seine innere Ruhe. Auf einmal nahm er das ihm schon bekannte Knirschen von Schritten auf dem Kiesboden wahr und hörte, wie jemand näherkam. Ein zarter Rosenduft stieg ihm in die Nase. Er öffnete die Augen einen kleinen Spalt, um zu sehen, ob er richtiglag. Ja, das war sie, die alte Dame, die ihm hier morgens schon ein paarmal über den Weg gelaufen war.

Aus dem Augenwinkel verfolgte Sebastian, wie sie behutsam ein faltbares Sitzkissen ausbreitete und neben ihm Platz nahm. Als es wieder ruhig war, drehte er ganz leicht den Kopf und schaute verstohlen zu ihr rüber. Mit geschlossenen Augen saß sie da, ein leichtes Lächeln auf den Lippen.

Vielleicht sollte ich was sagen, dachte er, weil es ihm seltsam vorkam, nebeneinander zu sitzen, ohne ein Wort zu wechseln. Er räusperte sich. Seine Nachbarin reagierte nicht.

»Sind Sie öfter hier?«

Sie nickte stumm, hielt dabei aber die Augen geschlossen. Das verunsicherte Sebastian. Fand sie ihn unsympathisch? War es ihr unangenehm, mit ihm zu sprechen? Aber dann hätte sie sich doch nicht neben ihn gesetzt.

»Ich glaube, wir haben die gleiche Routine«, setzte er erneut an und war erleichtert, als die Dame ihn endlich anblickte und sagte: »Wie meinen Sie das?«

»Kommen Sie auch hierher, um die Stille zu genießen?«

»Ja, auch das«, sagte sie. »Aber auch, weil ich die frische Luft mag und mich an der schönen Natur freue.« Sie lächelte. »Wie Sie da eben auf der Parkbank saßen, musste ich an eine Freundin denken, die über den Winter verreist ist. Mit ihr gehe ich manchmal hier spazieren. Wir können gut gemeinsam fühlen. Kennen Sie das?«

Sebastian schüttelte den Kopf.

»Wir sitzen gern auf dieser Bank, schauen aufs Wasser und schweigen. Und sind mit dem gegenwärtigen Moment verbunden.« Ihr Lächeln wurde verschmitzter, als sie hinzufügte: »Sie sahen vorhin so zufrieden aus, da dachte ich: Vielleicht gelingt uns beiden das auch.«

»Haben Sie denn diese Verbundenheit mit dem Moment gespürt?«, hakte er vorsichtig nach, weil er nichts gespürt hatte.

»Oh ja, aber ich bin mir nicht sicher, ob es Ihnen auch so ging.«

Wieder schüttelte Sebastian den Kopf und fragte leise: »Wie gelingt Ihnen das?« Denn er hätte das auch gern geschafft.

»Das ist nicht so einfach. Aber mir gelingt das immer häufiger, wenn ich die Welt wirklich sehr konzentriert über meine Sinne erlebe.«

»Wie meinen Sie das? «

»Na, indem ich mich nicht überfordere, sondern meine Aufmerksamkeit erst mal auf das Hören, Spüren und Sehen richte. Und Sehen bedeutet zum Beispiel, den Blick zu senken auf eine kleine Fläche am Boden und nur die zu betrachten. Dann höre ich ein Vogelzwitschern oder das Rascheln der Blätter, spüre die Sonnenstrahlen auf meinem Arm und meine Füße auf der Erde. Solche Sachen eben.«

»Und wie sind Sie so geworden?«

»Mir ist irgendwann aufgefallen, dass sich viele meiner Freunde und Bekannten nur noch beklagten: über die Arbeit und ihre tausend Wehwehchen, über das schlechte Essen im Restaurant, über die unfreundlichen Menschen, über ihre Ehepartner und Kinder. Das deprimierte mich. So wollte ich nicht werden. Also entschied ich, es anders zu machen. So richtig gelungen ist mir das allerdings erst, als ich wegen einer schweren Gallenkolik beinahe gestorben wäre. Damals, im Krankenhaus, wurde mir klar, wie kostbar doch das Leben ist. Seither schenke ich dem gegenwärtigen Augenblick mehr Aufmerksamkeit. Denn das ist das wirkliche Leben. Und das erwärmt mich.«

Sebastian musste an Klaus denken, dem es im Angesicht des Todes bestimmt gerade ähnlich erging. Vielleicht wäre das auch was für ihn. Deshalb fragte er: »Das mit dem Sich-auf-die-Gegenwart-Beziehen verstehe ich. Aber wie ist Ihnen das dann konkret in der Umsetzung gelungen?«

Die alte Dame schaute etwas irritiert. »Na, wie ich schon sagte: Sie nehmen sich das vor und tun es. Anfangs wird es Ihnen schwerfallen, weil man gewohnt ist, auf das zu schauen, was nicht so ist, wie man es sich vorstellt. Aber Sie halten sich an Ihr Vorhaben und bleiben dran. Bis es Ihnen langsam zur Gewohnheit wird. So hab ich es wenigstens gemacht.«

Sebastian konnte gar nicht glauben, dass das so einfach war.

»Es funktioniert, weil Sie dem gegenwärtigen Moment mit der Zeit mehr Raum geben. Wenn Sie voll in der Gegenwart sind, beurteilen Sie nichts mehr. Dann sind Sie nicht mehr getrennt von allem und sozusagen im Paradies. Ich sage Ihnen jetzt, was ich früher als Grundschullehrerin meinen Kindern zum Beispiel im Turnunterricht geraten habe: Ihr müsst etwas mindestens zwanzigmal wiederholen, bis ihr es gelernt habt. Also: üben, üben, üben.«

Während Sebastian über die Worte der alten Dame nachdachte, beobachteten beide, wie eine junge Mutter mit einer Hand den Kinderwagen eiligen Schrittes an ihnen vorbeischob und mit der anderen hektisch auf ihrem Handy scrollte. Die gehetzte Mutter tat Sebastian genauso leid tat wie das Kind, das keine Beachtung bekam. Keine Verbundenheit zwischen ihnen!

Eigentlich bin ich genauso wie diese Mutter, kam ihm in den Sinn, wirklich in der Gegenwart bin ich kaum. Meist stehe ich mit einem Bein in der Vergangenheit und ärgere mich über das, was nicht gut gelaufen ist, und mit dem anderen ängstlich in der Zukunft, wo etwas möglicherweise nicht gut ausgehen wird. Aber das wirkliche Leben fand doch nur in der Gegenwart statt. Doch dort musste sein Ego sterben. Keine Gedanken mehr! Nur in der Gegenwart konnte er dem Selbst Raum geben.

Das Leben ist immer jetzt und jetzt und jetzt, fiel ihm ein. Und was er hinzudachte, war nicht das Leben. Das hatte ihm ein Zenmeister einmal gesagt, aber er verstand erst jetzt, viele Jahre später, was das wirklich bedeutete.

»Sie erinnern mich auf eine Weise an meinen Mann«, nahm die alte Dame das Gespräch wieder auf. »Der konnte nie da sein, wo er gerade war, weil er immer sehr viel gearbeitet und sich oft gesorgt hat. Erst als er pensioniert wurde, fand er mehr Muße. Dann gelang es ihm öfter, mit mir in das Wunder des Lebens einzutauchen. Leider blieb ihm nicht mehr viel Zeit, das zu genießen. Gott hab ihn selig. Aber ich habe ja noch meine Freundin zum gemeinsamen Spüren und Schweigen und heute auch Sie. Vielen Dank dafür.« Nach diesen Worten machte sie die Augen zu.

Sebastian schloss ebenfalls die Augen und lächelte. In ihm wurde es still ... An diesem Morgen kam er zu spät ins Büro.

Britta – eine Woche vor dem vierten Treffen

»Ich finde ihn schön«, sagte Brittas korpulente Freundin, während sie den Vorhang zur Umkleidekabine aufzog. Sie drehte sich in einem engen Bleistiftrock vor dem Spiegel und schien ihren Anblick zu mögen. Früher hätte Britta dieses Verhalten als übertrieben empfunden, vielleicht hätte sie sogar eine kritische Bemerkung gemacht. Aber gerade eben beneidete sie ihre Freundin für ihr Selbstbewusstsein. Britta hätte weder gewagt, einen so engen Rock zu tragen, noch sich so selbstverliebt zu betrachten.

»Gibt es den Rock auch in ihrer Größe?«, flüsterte ihr die andere, schlanke Freundin ins Ohr.

Bingo, dachte Britta und schwieg, weil sie beschlossen hatte, nicht mehr bei den Lästereien mitzumachen. Mit hochgezogenen Augenbrauen und einem leichten Kopfschütteln deutete sie ihr an, dass sie die hämische Bemerkung nicht gut fand.

»Boa, was hast du denn jetzt schon wieder«, raunte ihr die Freundin genervt zu. »Kann man denn nichts mehr sagen!?«

Britta schwieg und dachte sich ihren Teil, während ihr Blick zu dem Kunstdruck von Edgar Degas an der Wand wanderte. Er zeigte ein paar Ballerinas in blauem Gewand, die sich verbeugten. Der Maler war fasziniert von Tänzerinnen. Das konnte Britta gut nachvollziehen. Als junges Mädchen hatte sie jahrelang Ballettunterricht genommen. Bei einer Aufführung sah man nur die elfengleichen graziösen Bewegungen der Tänzerinnen, aber man ahnte nicht, wie viel hartes Training, Schmerzen und blaue Flecken diese Leichtigkeit erst hervorgebracht hatten. Dennoch hatte Britta es geliebt, sich zu Tschaikowskys melancholischen Klängen zu bewegen. Sie versank dann in der Musik und vergaß die Welt um sich herum. Und auch die wunden Stellen an den Füßen spürte sie nicht mehr.

Brittas kritische Freundin stand mittlerweile in der Nähe der Kasse und telefonierte. Wahrscheinlich ließ sie sich gerade darüber aus, wie blöd Britta geworden war. Warum machte sie das eigentlich noch mit?, fragte sie sich. Seit sie in den Freude-Kreis ging, bemerkte sie, wie gut es sich anfühlte, wenn Menschen wohlwollend auf sie reagierten und sich wirklich für sie interessierten.

An sich lag ihre Lästerfreundin ja richtig: Britta hatte sich verändert. Allerdings zum Guten, wie sie es selbst empfand. Bei solchen Egospielen sackte ihre Stimmung früher oft in den Keller, und sie mochte sich nicht, wenn sie mitmachte. Keine Spielchen dieser Art mehr, dachte sie, denn ihr gefiel die aufmerksame und liebevolle Britta, auch wenn sie ihr noch fremd war.

»Was meinst du?«, kam es aus der Umkleide. »Soll ich den Rock nehmen?« Die kurvige Freundin kam noch einmal heraus, nun mit einer zum Rock passenden Seidenbluse.

»Das steht dir gut«, sagte Britta und meinte es auch so. Danach gab sie sich wieder ihren Gedanken hin. Zu Beginn des Freude-Kreises war das Kritisieren und Ablästern eine liebe Gewohnheit gewesen. Sie erinnerte sich daran, wie sie vor zehn Jahren das Rauchen aufgegeben hatte. Anfangs verlangte ihr Körper heftig nach Zigaretten, weil sie noch Nikotin im Blut hatte. Vielleicht verhielt es sich mit den negativen Gedanken ja so ähnlich. Nur dass sie nicht von Nikotin, sondern von »Meckerin« abhängig war.

Britta schmunzelte über diesen Einfall. War sie klagesüchtig? Sich aufregen war stets ihre erste Reaktion, wenn etwas nicht so lief, wie sie es wollte. Seit ihr das bewusst geworden war, versuchte sie, sich davon zu befreien, was ihr mal besser und mal schlechter gelang. Sie hatte zwar die Beschwerdeliste und auch die feste Klagezeit, wie von Klaus vorgeschlagen, wieder aufgegeben, weil das einfach zu mühsam war. Aber sie fand, dass sie sich insgesamt auf einem guten Weg befand, weil sie bewusster geworden war und sich genauer beobachtete. Und je öfter sie das Sich-Beklagen bemerkte und darauf verzichtete, desto leichter fiel es ihr, das Schöne, das es auch um sie herum gab, zu sehen. Sie fühlte sich dabei sehr wohl.

Wieder streifte ihr Blick die Ballerina. Wieso hatte sie eigentlich damals aufgehört zu tanzen? Diese Frage löste in ihr erst ein Gefühl von Bedauern aus, das dann aber durch eine heitere Aufbruchsstimmung ersetzt wurde. Vielleicht war es an der Zeit, ein sinnliches Gegengewicht zu ihrem sachlichen Leben zu finden. Ich sollte heute Abend mal zu Hause bleiben und im Internet Ballettschulen in meiner Nähe recherchieren – dieser Gedanke gefiel ihr.

Die Freundin zog den Vorgang der Umkleide auf. »Kaufst du denn nichts?«, fragte sie.

Britta schüttelte den Kopf und dachte: Vielleicht demnächst ein Trikot und ein Paar Spitzenschuhe.

Die Freundin hakte sich bei ihr unter und sagte: »Ich nehm den Rock. Dann gehen wir zu Luigi auf einen Spritz und treffen dort die anderen.«

»Ich hab heute Abend schon was vor«, antwortete Britta mit einem Schmunzeln. Sie wusste bereits jetzt, dass sie den heutigen Tag in ihrem Handy-Tagebuch mit top bewerten würde: Sie hatte nicht gemeckert und war empathisch einem Menschen gegenüber gewesen, der ihr sehr wichtig war: sie selbst.

Gerda – drei Tage vor dem vierten Treffen

Kaum hatte sie sich im Sessel im Wohnzimmer zurückgelehnt, wurde Gerda müde. Sie legte die Füße hoch und griff nach der Fernbedienung auf dem Beistelltisch. Beim Zappen durch die TV-Kanäle dachte sie an das bevorstehende Treffen mit dem Freude-Kreis. Bisher hatte sie sich dort in ihrem Element gefühlt, wichtige Beiträge zu den Gesprächen und den Übungen geleistet. Aber seit sie sich vorgenommen hatte, nicht mehr so den Ton anzugeben, schien es ihr, als würde sie nicht mehr gebraucht. Fürs nächste Treffen hatte sogar Anna die Regie übernommen, dabei war sie doch noch viel zu jung und unerfahren dafür.

Gerda legte die Fernbedienung weg und nahm stattdessen ihr Handy, um Annas WhatsApp noch mal zu lesen. »Marina Abramović«, »Performance-Künstlerin«, »Kopfhörer« und »Augenbinde«. Was sollte das? Sie fing an zu googeln und fand heraus, dass Performance-Kunst den Betrachter dazu einlud, eigene Erfahrungen zu machen und diese dann zu reflektieren. Weiter las Gerda, dass das Museum of Modern Art in New York die Künstlerin 2010 mit einer Retrospektive geehrt hatte. Da hatte sie während der Öffnungszeiten der Ausstellung in einem leeren Raum einfach nur still auf einen Stuhl gesessen. Die Besucher konnten nacheinander ihr gegenüber Platz nehmen und sollten ihr in die Augen schauen. Gerda stieß im Internet auf Filmausschnitte, die Menschen zeigten, die währenddessen zu weinen anfingen. Andere lächelten sie an, als wären sie gute Bekannte. Ein Teilnehmer legte seine Hand aufs Herz.

Irgendwie berührend, fand Gerda, aber sie fragte sich, ob das wirklich Kunst war. Sich über längere Zeit in die Augen schauen, war doch nichts Neues. Das hatte sie ja auch schon selber ausprobiert. Gerda strich sich eine Haarsträhne aus der Stirn und stöhnte. Meditation oder bewusstes Atmen erschienen ihr viel effektivere Mittel als ein solches Experiment, um sich zu erfahren. Das hatte ihr geholfen, ruhiger zu werden, auch wenn dieser Zustand nie lange anhielt.

Sie hielt inne. Wehrte sie sich gerade gegen etwas? Zog sie mal wieder diese verdammte Handbremse an, um sich nicht einlassen zu müssen? Warum tat sie das: War sie feige? Eine Eigenbrötlerin? Und was genau bedeutete eigentlich Sich-Einlassen? Gerda suchte nach einer Antwort auf die letzte Frage und kam nach längerer Überlegung zu dem Schluss, dass es dabei wohl darum ging, sich offen in ein neues Erleben zu begeben und die Angst davor zu überwinden.

Der Freude-Kreis bot ihr da doch eine Chance, versuchte sie sich zu überzeugen, neue Erfahrungen zu machen und sich besser kennenzulernen. Mehr Erleben schuf den Raum für mehr Lebensfreude. Und die wollte sie ja haben. Alles, was sie im Freude-Kreis besprachen, klang in der Theorie so logisch und war doch schwer umzusetzen. Gerda befürchtete, sich beim nächsten Treffen auf unbekanntem Terrain zu blamieren.

Ihr Blick fiel auf das Notizbuch auf dem Beistelltisch, in dem sie abends festhalten sollte, wie gut es ihr gelungen war, sich mutig auf ein neues Erleben einzulassen. Bisher hatte sie das noch kein einziges Mal gemacht. Wahrscheinlich war ihr Anspruch an diese Mutproben zu groß. Aber irgendwas musste sie doch tun! Vielleicht etwas Leichtes. Nach längerem Überlegen beschloss sie, den ersten Menschen, der ihr am nächsten Morgen begegnen würde, freundlich zu grüßen.

Februar

Viertes Treffen am Chinesischen Turm

Klaus war schon oft im Biergarten am Chinesischen Turm gewesen, aber noch nie so früh am Morgen. Und schon gar nicht im Februar. Der Platz, der im Herzen des Englischen Gartens lag, war verwaist. Kein Mensch unterwegs. Klaus hatte sich an einen der Biertische gesetzt, die auch im Winter aufgestellt waren, und wartete auf die anderen. Es war zwar erstaunlich mild für Februar, aber doch eine ganz andere Atmosphäre als im Sommer, wenn es hier voll von feierfreudigen und bierseligen Menschen war und die Blasmusik im ersten Stock des Turms aufspielte. Jetzt ragte die fünfundzwanzig Meter hohe Pagode, die seit 1792 an diesem Platz stand, im Zweiten Weltkrieg abgebrannt und in den 1950er-Jahren wiederaufgebaut worden war, gespenstisch in den dunkelgrauen Winterhimmel.

Innerhalb der nächsten Minuten kamen auch die anderen. Als alle am Tisch saßen, schien keiner so recht mit dem Blitzlicht anfangen zu wollen. Alle warteten wohl darauf, dass Klaus berichtete, wie es ihm in den letzten Wochen ergangen war.

Britta überwand sich und fragte: »Wie geht es dir, Klaus?«

»Bin ein bisschen schwach, fühl mich aber ganz gut.«

»Bist du denn schon operiert?«

»Die OP war vor zwei Wochen, alles okay. Natürlich dauert es, bis da alles wieder normal funktioniert«, er deutete beim Reden auf seinen Bauch, »aber die Ärzte sind zufrieden mit dem Ergebnis und zuversichtlich, was meine Heilungschancen angeht. Morgen gehe ich für zwei Wochen oder länger in Reha.«

»Hast du Schmerzen?«, fragte Gerda.

»Manchmal. Aber nicht schlimm. Aber dass ich seit Wochen krankgeschrieben bin und daheim hocke, schlägt mir aufs Gemüt.« Er zögerte kurz und setzte dann mit verlegenem Blick hinzu: »Ich habe mich auf euch gefreut.«

Erleichterung machte sich breit. Klaus war etwas blass, er hatte auch abgenommen, machte jedoch auf alle einen den Umständen entsprechend stabilen Eindruck.

»Du bist heute irgendwie anders«, sagte Anna, weil sie nicht damit gerechnet hatte, dass Klaus so entspannt und zugänglich sein würde.

Klaus lächelte. »Ich weiß nicht, ob ihr das verstehen könnt. Ich komme mir vor, als wäre ich dem Sensenmann von der Schippe gesprungen. Nach der Diagnose war ich sehr niedergeschlagen und frustriert. Aber seit der OP spüre ich Zuversicht. Ihr habt da übrigens nicht unwesentlich dazu beigetragen.« Er schaute zu Gerda: »Deine Idee mit dem Winterbaden war großartig. Ich war vor dem Eingriff noch ein paarmal im Eisbach. Und werde das auch wieder tun, sobald mir die Ärzte grünes Licht geben.« Er klopfte mit der Hand auf die Tischplatte: »Das war jetzt ein ziemlich langes Blitzlicht meinerseits. Wer will als Nächstes?«

»Ich weiß gar nicht, was ich sagen soll«, meinte Britta, noch beeindruckt davon, wie Klaus sich verändert hatte. »Meine Probleme kommen mir gerade so banal vor.«

»Nein, bitte mach weiter«, sagte Klaus kopfschüttelnd, weil er nicht wollte, dass man Rücksicht auf ihn nahm. »Normalität ist wohltuend.«

»Also gut.« Wenn es ihm hilft, dachte Britta, dann mach ich das. Sie nahm einen tiefen Atemzug: »Ich habe meine Beschwerdeliste aufgegeben.« Sie stoppte. Als keine Reaktion kam, fuhr sie fort: »Die Liste hat mir die erste Zeit geholfen, meine Klagenummer überhaupt zu erkennen. Aber negative Gedanken kommen halt einfach. Oft bemerke ich das gar nicht. Und es kostet ganz schön Zeit, jedes Mal, wenn ich beobachte, wie ich andere oder mich beurteile, mein Handy rauszuholen und einen Strich zu setzen.«

»Du auch?«, sagte Gerda überrascht davon, dass noch jemand aufgegeben hatte. »Ich meine …« Sie stoppte sofort. »Tschuldigung. Und was machst du jetzt?«

»Ich mache, was Anna vorgeschlagen hat: Jeden Abend kurz ein Tagesresümee ziehen: Wie freundlich und zugewandt war ich zu anderen Menschen? Ist mir das nicht so gut gelungen, überlege ich, was ich am nächsten Tag anders machen kann. So schaffe ich es schon ein bisschen besser, die zu sein, die ich gern wäre.« Sie grinste: »Eines ist auf jeden Fall anders geworden: Shoppen gehen mit Freundinnen bringt's nicht. Ich brauch das alles nicht mehr.«

»Dann ist dein Leben jetzt bestimmt billiger«, entschlüpfte es Gerda.

Jeder Mensch ist einzigartig

Je mehr es mir gelingt, zu meiner Einzigartigkeit zu finden und es zu schaffen, dieses Wesentliche auch zu leben, desto toleranter und neugieriger kann ich im Leben sein. Dann fühle ich mich ganz bei mir und bin in der Lage, selbstbestimmt zu entscheiden, in welche Richtung ich mich weiterentwickeln möchte. Fazit: Ich bin seit Geburt okay und kann meine Haltung mir und dem Leben gegenüber immer wieder verändern.

»Ich will dir nichts einreden. Aber vielleicht ist es ja möglich, sowohl die alte Britta zu sein, die sich ab und zu etwas Schönes kauft«, Anna malte beim Sprechen Anführungszeichen in die Luft, »als auch die neue Britta zu sein, die mit ihren Freundinnen etwas anderes, vielleicht Aufregenderes unternimmt.«

Britta fand Annas Ansatz motivierend, verstand aber noch nicht genau, worauf sie hinauswollte. »Wie meinst du das?«

»Ich nehme mal mich als Beispiel: Ich weiß jetzt, dass ich keine Anwältin oder Richterin werden will, aber weil ich schon so lange studiere, mache ich erst mal mein Staatsexamen. Dann schau ich weiter. Und das Zeichnen, das mir so viel Spaß macht, brauche ich als Ausgleich. Sowohl als auch eben.« Anna war sich bewusst, dass sie ihr Blitzlicht mit einem Ratschlag garniert hatte, und sie gab sich ein Sternchen, weil sie es gemerkt hatte.

Anna hatte sich verändert, stellte Gerda erstaunt fest, sie wirkte selbstbewusster. Das frustrierte sie zusätzlich. Alle schienen weiterzukommen, nur sie nicht. Sie rieb sich die Augen, in der Hoffnung, damit die Tränen, die kommen wollten, zu verdrängen. Schließlich sagte sie leise: »Ist es denn für unser Ziel ›mehr Lebensfreude‹ wirklich notwendig, sich zu verändern? Wir sind doch alle gut so, wie wir sind. Strahlende Sterne, wie Jens Corssen sagt.«

»Ja, schon«, antwortete Sebastian, überrascht von Gerdas Einwand, der ihm trotzig vorkam. »Aber du hast dich doch selbst entschieden, mehr Freude in dein Leben zu bringen. Oder?«

Gerda fühlte sich in die Enge getrieben. »Ja, aber ich finde es anstrengend, dazu jeden Abend die eigenen Misserfolge aufschreiben zu müssen.«

»Das musst du doch nicht«, entgegnete Sebastian. »Es geht dabei nur um ein kurzes ehrliches Reflektieren darüber, wie gut es dir gelingt, dich so zu fühlen, wie du es gern hättest. Und was du tun kannst, um das zu erreichen.«

»Ich komm da aber nicht weiter!«

Die anderen spürten, wie Gerda mit den Tränen kämpfte.

»Darf ich noch mal was sagen?«, fragte Klaus und fuhr nach dem Nicken der anderen fort: »Die ersten Wochen nach der Diagnose habe ich mit meinem Schicksal gehadert. Die Sucherei nach einem tieferen Sinn des Ganzen hat mich total fertiggemacht. Als ich meinem Arzt davon erzählte, meinte er, dass die Frage nicht förderlich sei. ›Sie könnten sich doch auch fragen: Was kann ich beitragen, damit ich wieder gesund werde?‹ Das war ein Aha-Moment. Dadurch hat sich meine Perspektive verschoben: Weg von krank sein hin zu gesund werden. Also kein Klagen mehr, sondern mit Zuversicht weitermachen und den Freude-Kreis besuchen.«

Alles eine Frage der Perspektive?, fragte sich Gerda. Sie konzentrierte sich eher auf Probleme, nicht auf deren Lösungen. War sie immer schon so oder hatte sie das erlernt, weil sie seit zwanzig Jahren immer nur für andere da war – ihre Tochter, die Eltern, die Kundschaft – und gar nicht mehr wusste, was sie selbst eigentlich wollte? War das der Grund, warum sie als Einzige hier nicht in Bewegung kam?

»Das geht halt nicht so schnell«, sagte Sebastian, der mit Gerda mitfühlte. Er war in diesem Entwicklungsprozess auch oft ungeduldig mit sich selbst. Sein Learning aus den letzten Monaten war: Das Ent-Wickeln aus irgendwelchen Verwicklungen brauchte seine Zeit.

»Wir haben doch alle Auf und Abs. Ich hab mir am Anfang viel zu viel auf einmal vorgenommen. Wenn ich es nicht in den Englischen Garten geschafft habe, war ich enttäuscht von mir und schlecht gelaunt. Als ich das merkte, hab ich den Druck rausgenommen.«

»Und jetzt?«, fragte Britta.

»Ich gehe weiterhin in den Englischen Garten und versuche dort, in die Ruhe zu kommen. Das tut mir auch gut. Aber viel wichtiger ist es mir, nicht mehr zu klagen und mir stattdessen jeden Abend zu überlegen, was mich heute in eine hohe Schwingung gebracht hat.« In Gedanken fügte er hinzu, was die alte Dame gesagt hatte: was das Herz wärmt. »Mittlerweile mache ich mir die freudvollen Momente schon tagsüber bewusst.«

»Was könntest du denn heute anders machen, Gerda, um mehr die zu sein, die du gerne sein möchtest?«, fragte Klaus, um sie in Schwung zu bringen.

Keine Ahnung, kam Gerda als Erstes in den Sinn. Sie überlegte einen Moment und sagte unsicher: »Mich auf Annas Übung einlassen?«

»Dann fangen wir doch gleich an!« Anna stand auf, weil sie fand, dass schon zu viel geredet worden war.

»Du kannst es ja kaum abwarten.« Lachend zog Sebastian einen geräuschunterdrückenden Kopfhörer und eine Augenbinde aus seinem Rucksack. Auch Klaus kramte nach seinen Sachen. Britta hatte Ohrstöpsel mitgebacht, die ihr sonst beim Schlafen halfen. Außerdem hatte sie noch ein paar Seidenschals eingesteckt, für den Fall, dass jemand keine Augenbinde dabeihätte.

»Was hast du eigentlich genau vor?«, fragte Gerda und versuchte, nicht zu skeptisch zu wirken.

Anna erklärte, welche Performance der Künstlerin Marina Abramović sie nachspielen wollte. »Mich fasziniert die Idee, mich in einem leeren Raum zu bewegen, ohne sehen und hören zu können. Das konfrontiert einen doch total mit sich selbst.« Sie bekräftigte ihre Worte mit den

Händen, die sie sich auf die Brust legte. »Was bleibt, wenn im Außen alles wegfällt? Das würde ich gern herausfinden. Ich weiß, die Übung ist ein bisschen strange. Eher ein Experiment. Aber das war das Eisbaden ja auch.«

Sie ging zum nächsten freien Biertisch. »Weil wir hier ja keinen echten leeren Raum haben, in dem wir uns bewegen können, dachte ich, wir stecken mit den Tischen einen geschlossenen Bereich ab. Es geht ja nur darum, dass wir uns – ohne hören und ohne sehen zu können – auf fremdem Terrain bewegen. Hilfst du mir, Sebastian?«

Die beiden fingen an, die Tische umzustellen. Britta und Gerda räumten die Sachen der anderen auf einer Bank zusammen und packten dann auch mit an.

»Und wer überwacht das Ganze?«, fragte Gerda und bemerkte, dass sie schon wieder dabei war, alles unter Kontrolle haben zu wollen. Aber der Gedanke, blind und taub zwischen Tischen herumzuirren und sich zu stoßen, war ihr äußerst unangenehm. Was sollte das bringen, außer, dass man sich wehtat?

»Gute Frage!«, antwortete Anna enthusiastisch, denn auch darauf war sie vorbereitet. »Ich schlage vor, dass ich von draußen zuschaue. Danach erzählt ihr, wie es euch ergangen ist, und ich sage, was ich beobachtet habe.« Anna klatschte in die Hände. »Das ist doch megaspannend.« Sie hätte zwar auch gern mitgemacht, doch die Vorstellung, die anderen bei diesem Experiment zu beobachten und ihnen behilflich zu sein, beglückte sie.

»Ich finde den Vorschlag cool«, sagte Sebastian, während er einen Biertisch in Position brachte. »Das erinnert mich an etwas, das die Buddhisten Beginners Mind, Anfängergeist, nennen. Sich neugierig und staunend wie ein Kind auf etwas Neues einlassen.« Er wandte sich an Klaus, der gerade mit anpacken wollte: »Geht das schon?«

»Klar«, antwortete Klaus lapidar. »Schon vergessen: Ich bin Biologe. Experimentieren ist meine Natur.« Auch wenn die Ärzte ihm nahegelegt hatten, sich nicht zu überfordern, freute er sich auf diese Übung in dieser »Galerie des Nichts«. Seit der Operation bewegte er sich in einem für ihn ungewohnten Spannungsfeld aus Sorge, Dankbarkeit und Lebenshunger. An manchen Tagen wollte er seine Arbeit hinschmeißen und mit seiner Frau zu einer Weltreise aufbrechen. An anderen Tagen war er einfach nur dankbar, im Labor hantieren zu dürfen. Außerdem wollte er schon allein deshalb mitmachen, weil Anna sich so auf das Happening freute. Auch das war neu seit der Operation.

Wirksame Selbstführung

Aus den alltäglichen, gewohnten oder diktierten Abläufen im beruflichen wie privaten Bereich auszusteigen, ist sehr schwer. Aussagen wie die folgenden sind daher nicht so einfach umzusetzen:

- »Ich sollte weniger arbeiten.«
- »Ich darf nicht mehr soviel im Internet surfen.«
- »Ich sollte weniger Serien schauen.«

- »Ich sollte vor zehn ins Bett gehen.«
- »Ich muss weniger essen.«

Wie führt man sich selbst erfolgreich? Der schnellste Weg, um aus der gefühlten Ohnmacht in die Eigenmacht zu kommen, ist, anstatt »Ich müsste/sollte« (fremdbestimmt) zu sagen »Ich mache das jetzt« (eigenbestimmt):

- »Ich arbeite weniger.«
- »Ich surfe weniger im Internet.«
- »Ich schaue weniger Serien.«
- »Ich gehe vor zehn ins Bett.«
- »Ich esse weniger.«

Nach wenigen Minuten war ein »Raum« von etwa dreißig Quadratmetern entstanden. Eine kleine Lücke an einer Seite diente als Eingang. Anna schwang sich auf einen Biertisch außerhalb des abgetrennten Rechtecks und sagte: »Ich schau von hier aus zu. Wenn zehn Minuten rum sind, komme ich und berühre euch an der Schulter.«

Gerda setzte ihren Kopfhörer auf.

»Ich glaube nicht, dass du mit dem Ding da nichts mehr hörst.« Sebastian hatte sofort gesehen, dass es sich um ein Gerät niedriger Qualität handelte. Er zog einige Noise-Cancelling-Kopfhörer aus seinem Rucksack und verteilte sie. »Damit hört ihr nichts mehr!«

»Oh, wie aufmerksam«, sagte Britta und wandte sich an Gerda: »Hast du eine Augenbinde?«

Gerda schüttelte den Kopf: »Nur eine labbrige Schlafmaske.«

Sie gingen alle zu dem provisorischen Eingang. Dort band Britta eines ihrer Seidentücher um Gerdas Kopf, was nicht ganz einfach war, weil sie schon die Kopfhörer aufhatte.

»Siehst du was?« Britta fuchtelte mit den Händen vor Gerdas Gesicht herum. Als keine Reaktion kam, sagte sie: »Sehr gut!«, was Gerda aber nicht mehr mitbekam, weil sie sich schon von der Außenwelt entkoppelt hatte. Britta schubste sie sanft in den Raum. Danach half Klaus Britta, sich bereit zu machen, und schob sie in Richtung Eingang.

Von draußen beobachtete Anna, wie Klaus und Sebastian sich gegenseitig halfen, die Augen zu verbinden. Gerda war gerade mal einen Meter gegangen und dann abrupt stehen geblieben, sodass Britta sie beim Reinkommen anrempelte. »Sorry«, sagte Britta, was Gerda aber nicht hörte und erschrocken einen Satz zur Seite machte, wo sie erneut stillstand. Das schien ihr am sichersten. Nicht zu sehen und zu hören, fand sie schrecklich. Sie hielt automatisch immer wieder den Atem an.

Kaum war er im Raum, setze Klaus mit Bedacht einen Fuß vor den anderen, während er mit der rechten Hand an den Biertischen am Rand entlangfuhr. Das Holz war kalt. Er musste ans Puzzeln denken. Da fing man auch nicht irgendwo in der Mitte an, sondern mit dem Rahmen.

Mit ausgestreckten Armen tastete sich Britta ganz langsam voran. Sie spürte, wie ihr Herz schneller pochte und ihre Hände trotz der Kälte feucht wurden. War das Angst oder Aufregung? Sie wusste es nicht und blieb stehen, um das zu erkunden. Die Situation war ungewohnt, schien aber nicht gefährlich und Anna passte ja auf. Sie ging wieder ein paar Schritte und dachte: Mit jemandem zusammenzustoßen, ist kein Beinbruch.

Auf einmal hatte sie das Gefühl, stehen bleiben zu müssen. Unmittelbar darauf streifte jemand ihren Arm. Vorsichtig versuchte sie zu ertasten, wer da stand. Sie berührte eine dick gepolsterte Daunenjacke. Das musste Sebastian sein. Der merkte, dass jemand ihn anfasste, machte einen Schritt zur Seite und ging dann weiter, bis er über etwas stolperte, sich aber gerade noch halten konnte. Sein Puls schnellte nach oben. Das war knapp!, dachte er und schrie im nächsten Moment »Autsch«, weil er gegen etwas gestoßen war, das sich wie ein Tisch anfühlte. Aber zumindest wusste er jetzt, dass er an einer Seite des Raumes angelangt war.

Anna konnte sich gar nicht sattsehen an dem Szenario. Alle vier bewegten sich wie in Zeitlupe durch den Raum. Das Ganze wirkte wie ein modernes Ballett, in dem die Tänzer und Tänzerinnen jeweils eine andere Choreografie einstudiert hatten. Hätte Anna dieser Aufführung einen Titel geben müssen, es wäre »Achtung!« gewesen.

Gerda, noch am Rand beim Eingang, setzte sich auf den Boden. Sie gratulierte sich für diesen Einfall, denn trotz des kalten Bodens fühlte sie dort sicherer. Weder wollte sie mit jemandem zusammenstoßen noch sich lächerlich machen.

Oh oh, dachte Anna, als Klaus, der den Raum mittlerweile fast umrundet hatte, auf Gerda zutappte. Sollte sie hinlaufen und eine Kollision verhindern? Sie hielt sich zurück und beschwichtigte sich damit, dass dies ein Experiment war. Was sollte auch passieren?

Gerda spürte einen Stoß und gleich darauf schien jemand über sie zu purzeln. Klaus erschrak, konnte sich im Fallen aber gut abrollen. Gut, dass sein Arzt das nicht sah. Es tat ihm nichts weh. Wer war das Hindernis gewesen? Vorsichtig tastete er die Umgebung ab, bis er einen Arm erwischte. Mit der Hand fuhr er daran hoch bis zum Kopf. Eine weiche Bommelmütze, das musste Gerda sein. Hatte sie sich überhaupt nicht vom Eingang wegbewegt?

Gerda blieb wie angewurzelt sitzen.

Ich muss ihr helfen, dachte Klaus. Während er aufstand, packte er Gerda am Arm und zog sie vorsichtig hoch. Als Nächstes legte er ihre linke Hand auf seine linke Schulter. Mit dieser Geste wollte er ihr anzeigen, dass er sie durch den Raum führen würde. Gerda fühlte sich jetzt bedeutend wohler. Klaus tastete nach dem Biertisch und positionierte, als er ihn geortet hatte, Gerdas rechte Hand darauf, und ging langsam los. Als sie verstanden hatte, was er vorhatte, setzte sich das Tandem in Bewegung. Das war schön für Gerda, nun mit Klaus den leeren Raum achtsam zu erkunden.

Stimmengewirr lenkte Anna kurz vom Geschehen in der »Galerie des Nichts« ab. Drei Männer mit Müllsäcken kamen näher. Waren das die Flaschensammler, die sie schon am Monopteros getroffen hatten? Die Männer blieben stehen und beobachten Sebastian, Klaus, Britta und Gerda. Sie flüsterten miteinander und lachten. Neugierig, aber nicht unangenehm, dachte Anna. Beim Weggehen hob einer den Arm und berührte mit Zeige- und Mittelfinger seine Mütze zum Gruß. Anna nickte ihm mit einem Lächeln zu und widmete sich wieder dem experimentellen Ballett.

Als Britta sich an die Dunkelheit und Stille gewöhnt hatte, fand sie das Ganze irgendwie spannend. Sie ging ein paar Schritte, blieb stehen und spürte von außen nichts. Das tat sie ein paarmal, bis sie sich immer sicherer fühlte. Diese Erfahrung war ein Sinnbild fürs Leben, dachte sie: sich trauen, das Beste geben und lernen. So bewusst und aufmerksam bewegte sie sich sonst nicht. War das vielleicht dieses oft zitierte Gegenwartserleben? Könnte sein. Sie ging weiter, jetzt ohne die Arme nach vorn auszustrecken.

Nach ein paar Minuten registrierte Anna, dass die vier eine andere Choreografie gefunden hatten. Alle bewegten sich freier als zu Beginn, als würden sie sich nun auf dem unbekannten Terrain wohler fühlen. Als wäre das anfängliche ängstliche Vorantasten einem Erkundungsdrang gewichen. Anna konnte die elektrisierende Energie spüren und erinnerte sich an den Satz von Marina Abramović: »Man muss Erfahrungen selbst machen. Die Erlebnisse anderer verändern einen nicht. Man muss den Weg selbst gehen. Wir haben alle Angst vor unbekanntem Terrain.« Hier, in dieser nachgestellten Performance war es möglich, sich diesem Unbekannten ohne Angst zu stellen. Die menschliche Natur war dabei also die stumme und blinde Lehrerin, erkannte Anna. Sie fand die Erfahrung aufregend, die Unsicherheit im Ungewissen zu erkunden und damit erfolgreich umzugehen. Das Leben intensiver zu spüren – das war genau der Grund, warum sie Kunst machen und kreativ sein wollte. Und auch, warum sie jetzt hier dabei war.

Sebastian ertastete die feinen Unebenheiten des Bodens und seine Schritte wurden nach und nach immer fester. Er fühlte sich wie ein Pionier auf Expedition. Das Vordringen ins Ungewisse war genau sein Ding. Das erinnerte ihn an die Anfangsphase nach der Gründung seines Start-ups. Damals hatte er nichts weiter als eine Vision für seine Unternehmung gehabt, aber noch keine genaue Vorstellung davon, wie er dahin kommen sollte. Jeder Tag brachte neue Erfahrungen – gute wie schlechte. Aber alle waren lehrreich und aufregend für ihn. Allein schon der Gedanke an diese Zeit erzeugte in ihm Lebendigkeit. Wann hatte diese Begeisterung eigentlich aufgehört? Das Unternehmen war in den letzten Jahren schnell gewachsen und die Produkte waren etabliert. Die meiste Zeit verbrachte er nicht mehr in der Entwicklung von technologischen Innovationen, sondern mit Management und der Führung von mittlerweile dreiundachtzig Leuten. Er blieb abrupt stehen, um den Gedanken, der ihm gerade durch den Kopf ging, fassen zu können: Kam der von ihm empfundene Stress vielleicht gar nicht von der Belastung und dem täglichen Druck, sondern davon, dass seine Arbeit ihm nicht mehr entsprach und ihn nicht mehr begeisterte? Sein Herz klopfte schneller. Er war auf einer wichtigen Spur und setzte sich wieder in Bewegung, bemüht, erneut ins Jetzt zu kommen.

Hinter Klaus hergehend fühlte sich Gerda erstaunlich sicher. Als er seinen Schritt beschleunigte, tat sie es ihm gleich und war überrascht, wie leicht es ihr fiel, ihm zu vertrauen. Klaus spürte, wie sich Gerdas Hand auf seiner Schulter entkrampfte. Nach einer weiteren Runde an den Bierbänken entlang, beschloss er, dass es Zeit war, die Sicherheitszone zu verlassen. Er drehte sich nach links und tippelte mit Gerda im Schlepptau in die Mitte des abgesteckten Raumes. Bis zu seiner Diagnose hatte Klaus die Menschen um ihn herum kaum wahrgenommen. Aber hier in dieser seltsamen »Galerie des Nichts« fühlte er sich auf angenehme Weise mit den anderen verbunden. Gerda durchströmte derweil so etwas wie eine Welle der Freude, auch wenn sie dieses Gefühl erst gar nicht einordnen konnte. Sie musste sich zusammennehmen, um nicht gleichzeitig zu lachen und zu weinen: Sie merkte, wie ein paar Tränen auf Brittas Seidenschal tropften.

Die Zeit war um. Anna sprang vom Tisch und betrat die Pop-up-Galerie, wie sie ihren Nachbau von Abramovićs Performance jetzt nannte. Nacheinander legte sie Britta, Sebastian, Klaus und Gerda die Hand auf die Schulter, damit sie aus ihrem Inneren wieder in den Englischen Garten zurückkehrten, wo mittlerweile die Sonne aufgegangen war. Schon vorbei, dachte Gerda. Sie wäre gern noch länger in diesem ungewohnten und dennoch schönen Zustand geblieben.

Als alle wieder präsent waren und ihre Augen sich an die Helligkeit gewöhnt hatten, setzten sie sich an den Biertisch, wo ihre Sachen lagen.

»Und, wie war's?«, fragte Anna.

Erst einmal schwiegen alle. Britta ordnete ihr Haar. Klaus trank einen Schluck Wasser. Gerda rieb sich erst die Augen und zippelte dann am Reißverschluss ihrer Jacke herum.

Sebastian, dessen Wangen leicht gerötet waren, sagte als Erster etwas. »Diese neue Erfahrung war unglaublich. Ich bin mir irgendwie nähergekommen. Wollt ihr wissen, was da kam?«

Die anderen bejahten.

»Mir ist in dieser dunklen Stille klar geworden, dass ich meine Zeit als Entwickler sehr vermisse. Ich liebe es, innovative Lösungen für komplexe Situationen zu finden. Aber als Gesellschafter und Geschäftsführer mache ich ganz andere Sachen.«

»Kannst du denn nicht beides sein: Manager und Entwickler?«, fragte Anna.

»Kann ich gerade nicht so genau sagen. Aber ich will mich wieder so lebendig fühlen wie damals.«

»Das habe ich in deinem Gesicht gelesen«, sagte Anna. »Erst warst du total ernst und angespannt. Und auf einmal so gelöst.«

Sebastian fühlte sich davon bestärkt, dass Anna seinen Stimmungswandel hatte sehen können.

»Ich fand am auffälligsten, wie bewusst ich mich durch diesen Raum bewegt habe«, sagte Britta. »Obwohl ich weder hören noch sehen konnte, war ich hellwach. Ein schönes Gefühl, das ich gern öfter hätte.«

»Ich musste mich erst mal an die fremde Situation gewöhnen. Aber als ich mich besser zurechtfand, ging es.« Klaus drehte den Kopf zu Gerda, die neben ihm saß. »Am meisten Spaß hat mir übrigens unser Duett gemacht. Am Anfang hatte ich den Eindruck, du fühlst dich gar nicht wohl. Wir hatten ja auch diesen kleinen Zusammenstoß.« Er grinste. »Aber dann haben wir die Herausforderung doch gut gemeistert, oder?«

Gerda nickte stumm und lächelte, ganz damit beschäftigt, ihre vielen Eindrücke zu verdauen.

»Es war echt spannend, euch zuzusehen. Am Anfang sah man, dass ihr euch total vorsichtig, ja fast schon ängstlich bewegt. Du, Britta, bist mit ausgestreckten Armen los, als würdest du befürchten, jeden Moment gegen eine Mauer zu rennen. Dabei war da außer den Biertischen am Rand gar nichts. Am auffallendsten verhielt sich Gerda. Du bist sofort stehen geblieben und hast dich hingesetzt. War das Strategie?«

»Ach, deshalb bin ich über dich drüber gefallen«, merkte Klaus an.

Gerda schwieg in der Hoffnung, man würde sie damit davonkommen lassen. Sie wusste auch nicht, welche Strategie sie verfolgt hatte. Vielleicht die, sich unsichtbar zu machen? Wieder kämpfte sie mit den Tränen. Diese Übung hatte ihr tatsächlich zugesetzt. Langsam kullerte erst eine Träne ihre Wange hinunter, dann eine zweite. Klaus holte sein sorgsam gebügeltes Stofftaschentuch hervor und reichte es Gerda, die es berührt entgegennahm. Unter Weinen und Schluchzen sagte sie schließlich: »Ich bin eben ein Angsthase! Noch nicht mal auf so ein interessantes Experiment kann ich mich einlassen.«

»Das ist doch nicht schlimm«, beschwichtigte Britta. »Mir ging das erst genauso.«

»Willst du wissen, was mir schon ein paarmal bei dir aufgefallen ist?«, fragte Anna.

Gerda nickte verhalten.

»Für mich ist es schwer anzusehen, wie streng du mit dir umgehst.«

»Vielleicht darfst du dir einfach mehr Zeit geben.« Sebastian lächelte Gerda aufmunternd zu. »Nähere dich dem Neuen doch lieber in deinem Tempo und in kleinen Schritten an. Das war heute der Anfang. Und morgen wagst du wieder etwas Kleines. Du musst ja nicht, sondern du willst. Anfängergeist – jeden Tag ein bisschen mehr.«

Gerda hatte selten vor anderen Menschen geheult. Sie hielt das für eine Schwäche. Aber bei diesen vier hier machte es ihr nichts mehr aus. Sie beruhigte sich und die Wärme, die sie von den anderen bekam, hüllte sie ein.

»Ich weiß, dass ich mir das Leben selber schwer mache«, flüsterte sie. »Ich möchte so gern leichter sein. Aber Ärger und Traurigkeit passen wahrscheinlich besser zu mir und dem Ernst des Lebens.« Diese Einstellung, das wurde ihr bewusst, hatte ihr Leben und ihr Sein dunkel eingefärbt. Sie war jedoch auch auf dem Weg zum Licht, so kam es ihr wenigstens vor.

»Sorry, Leute, aber ich muss los«, sagte Klaus. »Meine Frau und ich haben heute noch ein Date.« Er grinste. »Wir wollen uns ein gebrauchtes Wohnmobil anschauen.«

Beim Aufstehen entdeckte er den Hund, der am Stamm einer Kastanie lag, den Kopf auf seinen überkreuzten Pfoten. Klaus zeigte auf den Vierbeiner und fragte Anna: »Warum taucht der hier immer auf? Was will der von uns?«

»Keine Ahnung«, antwortete sie und dachte: Bestimmt amüsiert er sich über uns.

»Wo wollen wir uns das nächste Mal treffen?«, fragte Gerda.

»Am Kleinhesseloher See, am Steg beim Bootsverleih«, schlug Sebastian vor, sagte den anderen aber nicht, was er dort vorhatte.

Mit Abweisungen erfolgreich umgehen – ein Training

Ich erlebe oft, dass meine Klientinnen und Klienten ihre Möglichkeiten und Potenziale im privaten wie beruflichen Leben nicht voll nutzen, weil sie vor lauter Angst, abgelehnt zu werden, lieber einen guten Eindruck machen wollen. So sind sie dann unzufrieden, weil sie meinen, ein freudloses Dasein zu fristen (»Hätte ich doch nur …« oder »Warum habe ich eigentlich nicht …«). Die große Angst vor jeglicher Abweisung verliert man, wenn man sich in kleinen, aber stetigen Mutübungen immer wieder der möglichen Ablehnung durch andere aussetzt. In der Verhaltenstherapie nennt man diese Angst-Konfrontation Desensibilisierung in vivo. Meine Erfahrung: Die Angst vor Ablehnung ist bei den meisten in ihrem Kopf viel größer als in Wirklichkeit.

In der Zwischenzeit

Anna, Britta, Gerda, Klaus und Sebastian – neun Tage vor dem fünften Treffen

Was für ein strahlend blauer Himmel! Sebastian schloss die Augen und hielt das Gesicht in die Sonne. Freitags um vierzehn Uhr im Biergarten sitzen – das machte er normalerweise nicht. Da war er meist im Büro, in den letzten Meetings der Woche. Doch am Tag zuvor hatte Klaus die Gefährten über WhatsApp in den Englischen Garten eingeladen. Er sei aus der Reha zurück, so seine Nachricht, und würde sich über einen gemeinsamen Freude-Termin außer der Reihe am Chinaturm bei einer Maß Bier freuen. »Frühling Ende Februar, das muss man doch genießen!«, hatte er mit einem Smiley hinzugefügt. Innerhalb von zwei Stunden hatten alle für den nächsten Tag zugesagt. Sebastian fand das ungewöhnlich, denn in seinem Freundeskreis konnte es Tage dauern, einen gemeinsamen Termin mit weniger Leuten zu koordinieren.

Während er auf die anderen wartete, schaute er sich um. Es war bereits einiges los im Biergarten, kein Hochbetrieb wie im Sommer, aber ein paar Tische waren besetzt. Nach den kalten Wintermonaten waren die Menschen sonnenhungrig. Sie saßen in Grüppchen zusammen, unterhielten sich, lachten und ließen die Maßkrüge klirren. Es herrschte eine bierselige Stimmung. Als Sebastian in der Menge Britta und Gerda ausmachte, winkte er ihnen zu.

»Ich hab heute früher Schluss gemacht«, sagte Britta und setzte sich neben ihn. Sie zog ihre Jacke und den Schal aus und sah sich um. »Ganz schön laut hier«, sagte sie und dachte: Was für ein Kontrastprogramm zu unseren Morgentreffen hier.

»Hallo zusammen«, sagte Gerda zu den Tischnachbarn. Dann setzte auch sie sich. Aber so recht konnte sie das schöne Wetter und die Biergartenatmosphäre noch nicht genießen, weil sie ein schlechtes Gewissen hatte, am Freitagnachmittag, wo das Geschäft gut ging, blau zu machen. Aber sie hatte es nicht übers Herz gebracht, die nette Einladung von Klaus abzusagen.

»Hey«, rief Anna vom Weg aus und setzte sich dazu, nachdem sie ihr Fahrrad an einen Baum gelehnt und abgesperrt hatte.

»Da kommt Klaus.« Gerda zeigte auf den Kiesweg. Schon von Weitem war ihm anzusehen, dass es ihm viel besser ging. Der Gang dynamisch, die Gesichtsfarbe frisch. Ein neuer Klaus.

»Danke, dass ihr so spontan gekommen seid«, sagte er und blieb stehen. »Was wollt ihr trinken? Ich lade ein.« Er nahm die Bestellungen entgegen und ging dann mit Sebastian los, um alles bei dem kleinen Kiosk zu holen. Das Holzhäuschen im bayerischen Stil hatte an schönen Wintertagen geöffnet und bot das Passende für eine zünftige

Brotzeit an. Einige Minuten später kehrten die beiden mit einem Tablett mit zwei Riesenbrezen, Butter und Schnittlauch, Landjäger und Leberkäs, zwei Radlern und drei Apfelschorlen zurück.

»Erzählt mal, wie ist es euch in den letzten Wochen ergangen?«, fragte Klaus mit vollem Mund, denn er hatte gerade ein Stück von der Breze abgebissen.

Es ging ihm wirklich sichtlich besser, dachte Gerda erleichtert.

»Das ist aber kein Blitzlicht!«, beeilte sich Klaus hinzuzufügen.

Britta lachte.

»Du schaust gut aus«, sagte Klaus zu ihr.

»Danke.« Britta nahm das Kompliment als indirekte Aufforderung zu erzählen: »Ich mache seit knapp vier Wochen so was Ähnliches wie Ballett. Es heißt Barre Training. Zweimal pro Woche stehe ich an der Stange und mache meine Übungen. Puh, das bringt mich ganz schön ins Schwitzen. Die ersten zwei Male hatte ich hinterher einen schlimmen Muskelkater. Jetzt bring ich mich erst mal in Form und in einem halben Jahr möchte ich auch wieder richtig Choreografie tanzen. Hach«, ihre Wangen hatten sich beim Sprechen gerötet, »ich liebe einfach diese exakten und rhythmischen Bewegungen. Die Frauen in dem Kurs sind auch total nett. Und obwohl es anstrengend ist, vergeht die Zeit wie im Flug.«

»Hast du früher schon Ballett gemacht?«, fragte Sebastian.

Britta nickte. »Ja, als junges Mädchen. Ich bin natürlich nicht mehr so beweglich wie damals, aber es kommt mir jetzt schon so vor, als wären meine Muskeln wieder aufgewacht.«

So begeistert und lebendig hatte Sebastian Britta bisher nicht erlebt.

»Wenn ich mir vor dem Training die Haare zu einem Dutt hochstecke, komme ich mir vor wie mit fünfzehn«, sagte Britta und errötete leicht.

Klaus nickte anerkennend. Er dachte an den Morgen zurück, als sie sich weigerte, in den Eisbach zu gehen. Da war sie ganz anders gewesen.

»Aber warum hast du denn damals aufgehört?«, fragte Anna, die nicht verstehen konnte, warum Britta das Ballett nicht weiterverfolgt hatte, wo sie es doch so liebte.

Britta zuckte mit den Achseln. »Vielleicht, weil ...« Sie suchte nach einer Antwort. Woran lag es? Wann hatte sie aufgegeben: Nach der Schule? In der Ausbildung? Als sie sich das erste Mal verliebt hatte? »Hm, ich weiß nicht, irgendwie ist das Leben dazwischengekommen. Eigentlich schade.«

Anna fand Brittas Antwort nicht zufriedenstellend. Ich will nicht eines Tages bereuen, das Zeichnen aufgegeben zu haben, dachte sie, sagte aber nichts, weil sie Britta nicht kritisieren wollte.

»Und wie geht es dir, Anna?«, fragte Britta, weil sie nicht so lange von sich erzählen wollte.

»Mein Februar war nicht besonders aufregend. Ich büffle gerade fürs Staatsexamen Anfang März. Und einmal pro Woche abends gehe ich in einen Kurs zum freihändigen Architekturzeichnen.«

»Freihändiges was?«, fragte Gerda.

»Da geht es vor allem darum, perspektivisch zu zeichnen, sodass du ein Gebäude räumlich möglichst genau komponieren kannst. Von der Beobachtungsgabe und Präzision, die man dabei braucht, kann ich für mein Studium noch was lernen.« Mit einem kurzen Blick forderte sie Sebastian auf, weiterzumachen.

»Ich war vorletztes Wochenende seit ewigen Zeiten mal wieder in den Bergen. Auf einer Skitour. Mir ging es wie dir, Britta: Danach tat mir jeder Knochen weh. Aber es hat sich total gelohnt.«

»Inwiefern«, fragte Britta, die ahnte, wie glücklich sich Sebastian dabei und auch danach gefühlt haben muss.

»Beim Aufstieg war ich so konzentriert darauf, richtig zu atmen und mit den Schneeschuhen einen regelmäßigen Tritt zu finden, dass ich keine Sekunde an die Arbeit gedacht habe. Es war superanstrengend mit dem Rucksack und den Skiern auf dem Rücken, aber auch wunderschön. Drei Stunden lang sind mein Kumpel und ich hintereinander hergelaufen, ohne ein Wort zu reden. Klar haben wir ab und zu mal Halt gemacht, um durchzuschnaufen oder die Aussicht zu genießen. Es war einfach unglaublich. Ein strahlend blauer Tag, so wie heute. Vor uns die weiße Pracht, so weit wir schauen konnten. Ihr könnt euch nicht vorstellen, wie der Schnee im Sonnenlicht glitzerte, wie funkelnde Diamanten. So viel unberührte Natur, keine Fußspuren im Schnee vor uns, außer von ein paar Rehen. In einer Hütte haben wir Brotzeit gemacht, frische Buttermilch vom Bauern getrunken und die besten Kässpätzle gegessen, die ich je hatte. Die Bergluft macht ja so hungrig. Auf dem Gipfel hatten wir eine gigantische Aussicht über das ganze Massiv.«

Er wurde nachdenklich. »Die Berge sind wie ein Gegenentwurf zu meinem Alltag«, sagte er dann. »Von da oben aus kommen mir die Probleme und Sorgen immer winzig klein vor. Und die Abfahrt war einfach herrlich. Meine Muskeln in den Oberschenkeln haben zwar gebrannt, aber das habe ich hingenommen. Es war einfach himmlisch, über den jungfräulichen Schnee zu gleiten. So gut habe ich mich schon lange nicht mehr gefühlt.«

Er hielt noch einmal kurz inne, bevor er weitersprach: »Hinterher haben mein Kumpel und ich über den Tag in den Bergen geredet. Und das Interessante ist, dass es weder ihm noch mir wichtig war, den Gipfel erreicht zu haben. Am intensivsten war für uns beide das Gefühl, irgendwie angefüllt mit der Schönheit der Natur zu sein. Ich sag euch, an dem Abend bin ich um neun Uhr ins Bett gefallen und erst am nächsten Morgen um sieben Uhr wieder aufgewacht, als meine Kleinen ins Schlafzimmer kamen. So gut und lang habe ich ewig nicht geschlafen.«

»Dein Erlebnis geht mir irgendwie nah«, sagte Gerda.

»Wollt ihr noch mein Learning aus meinem Schneeabenteuer hören?«

Einhellige Zustimmung.

»Ich bin oft so sehr damit beschäftigt, meine Zeit mit Aufgaben und Pflichten zu füllen, dass ich vergesse, mich mit Freude anzufüllen. Ab jetzt will ich mich überwinden, mich auf ein neues Erleben einzulassen.«

Ein Grölen störte das Gespräch. Sechs junge Männer stießen mit ihren Maßkrügen an und schrien dabei: »Oans, zwoa, drei, gsuffa!« Dann schütteten sie das Bier in sich hinein.

»Die haben schon ziemlich getankt«, sagte Anna.

Der Biergarten war in der letzten halben Stunde voller geworden. Mittlerweile waren alle umliegenden Tische besetzt. Britta beobachtete eine vierköpfige Familie, Touristen, wie es schien. Sie saßen vor ihren Gläsern und sprachen nicht miteinander, weil Eltern wie Kinder mit ihren Handys beschäftigt waren. Was haben wir es gut, dachte Britta, dass wir uns so angeregt unterhalten können.

»Gerda, du hast noch gar nichts erzählt«, sagte Sebastian.

»Gibt nicht viel zu berichten.« Sie besann sich kurz. »Das stimmt nicht ganz. Vor unserem letzten Treffen habe ich versucht, jeden Abend aufzuschreiben, ob ich mich an dem Tag auf Neues eingelassen habe. Das hat aber nicht funktioniert, weil ich immer nur eintragen hätte können, dass ich nichts in diese Richtung unternommen habe. Mir fiel auch nichts ein, was ich hätte machen können. Da habe ich dann für ein paar Tage meine Hausaufgaben ruhen lassen.« Das Ende ihrer Ausführungen kam etwas kleinlaut rüber. Sie trank einen Schluck Apfelschorle, weil sich ihr Mund trocken anfühlte.

Die Runde war überrascht. Nicht weil Gerda so viel sprach, sondern weil sie bereitwillig etwas Persönliches von sich erzählte. Das war neu.

»Aber nach unserem letzten Treffen hab ich doch weitergemacht«, ergänzte sie plötzlich.

»Und wie kam das?«, fragte Anna.

»Ich hab mich daran erinnert, was Sebastian am Chinesischen Turm gesagt hat.« Sie sammelte sich, um seine Worte sinngemäß wiederzugeben. »Ich will mir Zeit nehmen und kleine Schritte machen, um etwas Neues zu erleben.« Sie drehte sich zu Sebastian: »Dieser Anfängergeist, von dem du gesprochen hast, hat mich ganz schön beschäftigt.«

»Warum?« Sebastian freute sich, Gerda damit inspiriert zu haben. Darüber wollte er mehr erfahren.

»Mal mit neugierigen Kinderaugen aufs eigene Tun zu schauen, ist aufschlussreich. In meinem Leben gibt es nämlich nichts Überraschendes! Ich esse jeden Morgen das Gleiche. Ich nehme jeden Tag den gleichen Weg zum Standplatz, wo ich immer meine Fahrten starte. Dort treffe ich eigentlich meistens dieselben Kollegen. Natürlich fahre ich verschiedene Kundschaft, aber die meisten haben es eilig und reden nicht viel. Und weil ich so viel rumkomme, kenne ich auch die Stadt wie meine Westentasche. Nichts Neues! Ich beende meine Schicht zur gleichen Zeit. Koche mir daheim was zum Abendessen. Mach noch etwas Hausarbeit und schaue dann fern. Um zweiundzwanzig Uhr geh ich ins Bett. Das mach ich sechs Tage die Woche so. Am Sonntag schlafe ich aus und erledige alles, was unter der Woche an Papierkram oder Wäsche liegen geblieben ist.« Gerda machte eine Pause, um erneut einen Schluck Apfelschorle zu trinken. »Da ist nichts mit Anfängergeist.«

»Und?«, fragte Anna interessiert.

»Dann habe ich gedacht: Ich mach mal was ganz Kleines anders.« Motiviert davon, wie gebannt ihr die anderen zuhörten, öffnete sich Gerda noch etwas mehr. »Als Erstes habe ich mir vorgenommen, eine Woche lang zu allen Menschen, die mir bis zehn Uhr morgens begegnen, freundlich Guten Morgen zu sagen. Im Treppenhaus, auf der Straße, beim Einkaufen, überall. Erst war mir das peinlich. Aber dann hab ich gemerkt, dass die meisten sich darüber freuen. Mit einigen habe ich sogar einige Worte gewechselt. Im Supermarkt kennt man jetzt die Verrückte, die jeden grüßt.« Sie grinste. »Auf jeden Fall erlebt man was Neues, wenn man was anders macht als sonst.«

Gerdas neues Verhalten war anfangs auch für sie selbst noch fremd gewesen, aber das hatte sich schnell geändert, weil immer mehr Menschen jetzt auch sie freundlich grüßten. Es war irgendwie schön, so wahrgenommen zu werden.

»Ach ja«, setzte sie noch hinzu, »mittlerweile macht es mir sogar Spaß, am Abend meine Erlebnisse aufzuschreiben.«

Alle nickten ihr anerkennend zu und schauten dann zu Klaus, der noch gar nicht von sich erzählt hatte.

»In der Reha hatte ich viel Zeit nachzudenken«, begann er, wurde aber von einer Frau und einem Mann, wohl ein Paar, am Nebentisch übertönt. Die beiden waren in Streit geraten. Klaus verstummte. Er verstand nicht genau, worum es ging, anscheinend um einen bevorstehenden Urlaub.

»Du verstehst nicht, was ich meine. Ich …« Die Frau kam nicht zum Ende, weil der Mann ihr ins Wort fiel: »Das ist doch immer dasselbe mit dir!«

»Lass mich gefälligst ausreden.«

»Nicht, wenn du so einen Mist verzapfst.«

»Du bist so ein Idiot!« Demonstrativ drehte sich die Frau zur Seite. »Ich mag nicht mehr mit dir wegfahren!«

»War ja klar, dass jetzt die Beleidigte-Zicke-Nummer kommt.« Der Mann trank einen großen Schluck von seinem Bier.

»Berührt euch das auch so«, fragte Anna, »wenn Menschen so respektlos und gemein zueinander sind?«

Klaus nickte. Er war deswegen nicht mehr in der Stimmung, von der Reha zu erzählen.

»Ehrlich gesagt war ich auch nicht viel anders als die beiden«, bemerkte Britta. »Erst seit unseren Treffen ist mir bewusst geworden, wie oft ich schlecht über andere geredet und es auf Streit anlegt habe, bloß weil ich unbedingt recht haben wollte.«

Die anderen schauten betreten. Sie wussten genau, wovon Britta sprach.

»Das ging mir auch so«, sagte Gerda. »Ich war irgendwie gegen alles. Das hat sich erst durch unsere Gespräche und die Übungen, die wir gemacht haben, geändert.«

»Ich möchte anders sein und will das Leben, die Menschen und mich selber mögen«, sagte Anna.

»Du bist auf einem guten Weg«, ermutigte Klaus sie. Er mochte Annas reflektierte Art und ihr Bedürfnis, sich zu entwickeln und ein liebevoller Mensch zu sein.

Sie schwiegen wieder eine Weile. Nichts zu reden, war ihnen nicht mehr unangenehm. Im Gegenteil, es fühlte sich gut an, andere nicht beurteilen oder ihren Wahrheiten zu widersprechen. Jeder von ihnen hatte gelernt, das, was geäußert wurde, einfach so stehen zu lassen und sich zu bemühen, die Gefühle hinter dem Gesagten zu erspüren.

Anna wollte das Thema wechseln, weg von sich. »Wie findet ihr diese Geschichte? Eine Freundin hat sie mir erzählt. Sie war mit ihrem neuen Freund im Restaurant. Nach der Vorspeise ist sie auf die Toilette gegangen und hat danach nicht gemerkt, dass ihr langer Rock in der Strumpfhose steckte. Als sie mit vollem Ausblick auf ihren Slip zum Tisch zurückkam, hat er sich darüber lustig gemacht. Dieses Missgeschick war ihr so peinlich, dass sie sofort nach Hause wollte. Er fand das blöd. Daraufhin haben sie sich gestritten und jetzt sind sie schon wieder getrennt.«

»Das ist doch schade«, sagte Britta und fühlte mit Annas Freundin mit. Wäre ihr so etwas passiert, hätte sie sich zu Tode geschämt.

»Ich weiß nicht, wie ich in der Situation reagiert hätte«, sagte Anna. »Ist euch schon mal was ähnlich Peinliches passiert?«

Klaus antwortete als Erster: »Früher habe ich oft darüber gegrübelt, was die Leute von mir denken, wenn ich mich mal komisch verhalten habe. Mein Chef, meine Kollegen, meine Freunde. Aber seit der Diagnose ist mir das egal. Außerdem haben die anderen doch das Problem, wenn sie sich über mich aufregen.«

»Meinst du das jetzt wirklich ernst?«, fragte Britta, die groß geworden war mit Sätzen wie: »Das tut man nicht!« Oder: »Was sollen denn die anderen denken!«

»Ich zeig's dir!« Unvermittelt stieg Klaus, während er sich an Annas Schulter festhielt, auf die Bank. Er hatte vor, ein Lied zu singen, um den anderen zu beweisen, dass ihm nichts mehr peinlich war. Als er oben stand, in die erwartungsvollen Augen der anderen schaute und die neugierigen Blicke einiger Nachbarn bemerkte, verließ ihn kurz der Mut. Was hatte er sich nur dabei gedacht? Er hörte zwar gerne Rockmusik, konnte aber nicht gut singen. Dieser Ansicht war bereits sein Musiklehrer in der dritten Klasse gewesen. Am liebsten hätte er sich unter der Bank verkrochen. Doch das war nicht der Klaus, der er sein wollte. Der wollte etwas wagen. Mit schiefen Tönen stimmte er den Refrain eines Songs von Steppenwolf an: »Like a true nature's child / We were born / Born to be wild / We have climbed so high / We never wanna die / Born to be wild / Born to be wild.«

»Buhhhh, aufhören«, kam es von dem Tisch, wo die sechs Jungs vor ihren mittlerweile leeren Maßkrügen hockten.

Klaus lächelte verkrampft. Jetzt war es auch schon egal. Beherzt wiederholte er den Refrain: »Like a true nature's child / We were born / Born to be wild / We have climbed so high / We never wanna die / Born to be wild / Born to be wild.«

Der Mann, der sich mit seiner Frau gestritten hatte, schimpfte: »Ey Alter, was soll denn das?«

Singen kann er wirklich nicht, dachte Gerda, bewunderte Klaus aber für seinen Mut. Anna applaudierte, hingerissen von der ungeschminkten Darbietung. Man sollte ihn unterstützen, dachte sie.

Die Familie sah von ihren Handys auf. Der Vater wippte mit dem Fuß und die Mutter klatschte Beifall. Die Kinder schauten etwas gelangweilt.

Gerade, als Klaus sich fragte, wie er aus der Nummer wieder rauskam, sprang Anna zu ihm auf die Bank und stimmte mit einer hellen Stimme in den Refrain ein: »Like a true nature's child / We were born / Born to be wild / We have climbed so high / We never wanna die / Born to be wild / Born to be wild.« Ein Gedankenmix aus Rebellion und Peinlichkeit beherrschte sie.

Die Reaktion der Leute drumherum schwankte zwischen Ablehnung und Amüsiertheit. Ob Annas Furchtlosigkeit von der Radlerhalben kam?, fragte sich Britta. Nein, da war zu wenig Alkohol drin.

Klaus spielte mittlerweile Luftgitarre. Die peinlich berührten Blicke der Leute schienen an ihm abzuprallen. Britta berauschte sich an diesem »Scheißegalgefühl«, das er ausstrahlte. Wenn sie das doch auch mal haben könnte. Ihr Leben würde anders laufen.

Klaus und Anna beendeten ihre Show und ließen sich sichtlich erleichtert auf die Bank fallen. Beide lachten. Das war so schön albern gewesen. Außer ein paar verwunderten Blicken und bösen Kommentaren war nichts Nachteiliges passiert. Im Gegenteil: Sie hatten ihre Angst vor Abweisung überwunden. Das Einzige, was es dafür gebraucht hatte, war Mut.

»Wer will als Nächstes was Albernes machen?«, fragte Anna und zeigte, ohne eine Antwort abzuwarten, auf Sebastian. »Du!«

»Ich weiß ja gar nicht, was mir peinlich wäre.«

»Dann mach ich einen Vorschlag. Gerda, hast du deine rosafarbene Mütze dabei, die so schön weich ist?«

Gerda holte die Mütze aus ihrem Rucksack.

»So, die musst du aufsetzen.« Als Nächstes zog sie einen Lippenstift aus der Hosentasche hervor und malte Sebastians Lippen pink an. »Jetzt bist du richtig schön.«

Sebastian kam sich entstellt und seltsam vor, aber in der heiter aufgeladenen Stimmung fand er das nicht weiter schlimm. Gerda schüttelte lachend den Kopf, weil Sebastian mit der rosaroten Mütze und dem grell angemalten Mund zu komisch aussah. Der Nachmittag nahm gerade eine unerwartete Wendung und sie hoffte, von dieser Art Prüfung verschont zu bleiben.

»Britta, Gerda, was ist mit euch? Hm …« Sebastian legte den Zeigefinger an seine geschminkten Lippen, als würde er intensiv nachdenken. »Was könntet ihr Peinliches tun?«

Die beiden Frauen schauten sich an. In ihren Blicken stand geschrieben: Bitte macht es nicht zu schlimm.

»Ich hab's«, sagte er. »Ihr müsst da drüben am Kiosk was kaufen.«

»Häh? Das ist doch nicht peinlich«, merkte Klaus an.

»Doch«, antwortete Anna. »Wenn du etwas kaufen musst, das es da nicht gibt.«

»Okay«, sagte Britta skeptisch. Gerda fragte vorsichtig: »Und was stellst du dir da vor?«

»Ihr müsst einen Brokkolikaugummi kaufen«, prustete Anna los.

»Gut, ich mach's«, sagte Britta und stand zögerlich auf, während sie sich die feuchten Hände an der Hose abwischte.

»Das ist alles?«, fragte Gerda.

»Ja«, grinste Klaus. »Aber ihr dürft euch unter keinen Umständen abwimmeln lassen. Bleibt hartnäckig.«

Sebastian, Klaus und Anna liefen hinter Britta und Gerda her. Weil gerade keine Schlange am Kiosk war, kamen die beiden sofort dran.

»Was hätten's gern?«, fragte die Verkäuferin.

»Einen Brokkolikaugummi, bitte.« Britta musste sich konzentrieren, um ein ernstes Gesicht zu machen. Gerda verbarg sich hinter ihr.

»Bittschön, was?«

»Einen Brokkolikaugummi«, wiederholte Britta mit unschuldigem Augenaufschlag.

»So was hamma ned«, sagte die Verkäuferin.

»Aber ich bräuchte unbedingt einen Brokkolikaugummi, bitte.«

»So ein Schmarrn! Des gibt's ned.«

»Wo könnte ich denn sonst einen Brokkolikaugummi bekommen«, beharrte Britta. Die ganze Szene war ihr zwar unangenehm, aber gerade noch aushaltbar. Außerdem spürte sie die Unterstützung der anderen im Rücken. Das gab ihr Halt.

»Gehen's weida!«, kommandierte die Verkäuferin. »Nächster!«

Britta trat einen Schritt zur Seite, weil sie nicht recht wusste, was sie noch tun sollte.

Das war Gerdas Einsatz. Mit der Verkäuferin ist nicht zu spaßen, dachte sie und wäre am liebsten auf dem Absatz umgekehrt, hätte sie nicht Anna im Hintergrund gackern gehört.

Das motivierte sie, nicht die zu sein, die sich drückte. Also sagte sie: »Einen Brokkolikaugummi, bitte. Ach nein. Wissen Sie was, geben Sie mir am besten doch gleich zwei Päckchen.«

»Geh, sann heid olle narrisch?«, schimpfte die Verkäuferin und wiederholte ganz langsam: »So wos gibt's ned. Nächster!«

Nun war Gerdas Ehrgeiz und der Schalk in ihr geweckt: »Gut, dann geben Sie mir halt einen Blumenkohlkaugummi.« Sie hörte, wie Klaus, Sebastian und Anna im Hintergrund kicherten.

Mittlerweile hatte sich eine Schlange am Kiosk gebildet. Ein älterer Herr am Ende der Wartenden rief nach vorn: »Haben Sie's jetzt endlich! Sie halten ja den ganzen Verkehr auf!« Seine Frau deutete auf Sebastian und sagte für alle gut hörbar: »Die gehören bestimmt zu dem Verrückten da hinten mit der rosa Mütze und dem Lippenstift.«

Eine Frau, die das Geschehen beobachtet hatte, sagte zu Sebastian: »Was seid denn ihr für eine lustige Truppe?«

»Eine Freude-Gruppe«, wieherte Anna.

Und als wäre das ihr Stichwort gewesen, stürmten alle fünf unter Gelächter davon. Sie rannten wie die Kinder: übermütig und ausgelassen. Sebastian war überrascht, wie schnell Britta und Gerda waren. Und Klaus schien die Anstrengung nichts auszumachen. Nach etwa hundert Metern blieben sie stehen.

»So viel Spaß hatte ich schon lange nicht mehr«, lachte Gerda und sprach damit allen anderen aus dem Herzen. An die Probleme, die jede und jeder von ihnen mit sich herumtrug, dachten sie gegenwärtig nicht mehr. Und ohne es auszusprechen, waren sie sich wohl alle einig: Sie wollten dranbleiben an den Mutproben und den sie bereichernden Erfahrungen, bis sie unerschütterlich waren gegen jegliche Art von Abweisung. Waren sie auf der Welt, um einen guten Eindruck zu machen? Aber wirklich nicht! Lebensfreude, das war nun allen klar, ist der Schlüssel zu mehr.

März

Fünftes Treffen am Kleinhesseloher See

Es war noch nicht richtig hell, als Britta ankam, aber man konnte die aufgehende Sonne im Osten bereits erahnen. Kein Mensch war weit und breit zu sehen, einzig die vollen Mülleimer, die den Weg um den See säumten, zeugten davon, dass in der Nacht hier ordentlich gefeiert worden war. Sie betrat den Holzsteg am Bootshaus, breitete ganz vorn ihre Isomatte und eine Decke aus und setzte sich im Schneidersitz an den Rand, wo sie eine Weile aufs Wasser schaute. Der Morgen war frisch, aber bei Weitem nicht mehr so kalt wie bei den letzten Treffen. Frühling lag in der Luft, auch wenn die meisten Bäume ringsum noch kahl waren. Die Oberfläche des künstlich angelegten Sees, in dem sich drei kleine Inseln befanden, war spiegelglatt. Nur vier Enten zogen in Ufernähe ihre Bahnen. Der etwa acht Hektar große See war ein beliebtes Ausflugsziel im mittleren Teil des Englischen Gartens. Bei schönem Wetter kehrten die Leute im Biergarten direkt am Ufer ein. Im Wasser gab es Karpfen, Schleien und Hechte. Einmal im Jahr, im Herbst, wurde abgefischt. Im Winter fror der See sogar manchmal zu, dann kamen die Leute zum Eisstockschießen hierher. Aber dieses Jahr war es dafür zu mild gewesen.

Brittas Herz klopfte schneller bei dem Gedanken an das, was sie sich für heute vorgenommen hatte. Sie beobachtete einen Erpel mit glänzend grünem Kopf, gelbem Schnabel und prächtigem Federkleid. Zügig schwamm er auf eine der Entendamen zu, umkreiste sie mehrmals mit einem »Ahuuu«, den Kopf in den Nacken gelegt und mit stolzgeschwellter Brust. Als würden sie miteinander tanzen, drehte das Weibchen ebenfalls ein paar Kreise und beantwortete den Balzruf ihres Verehrers mit einem gurrenden Laut. Der Erpel folgte seinem biologischen Trieb und stieg auf die Ente. Dabei drückte er sie unter Wasser. Britta reckte den Kopf. Der Kerl ersäuft die Arme ja! Zwischen Sorge und Faszination verfolgte sie das Treiben. Ich hätte nichts dagegen, wenn auch hinter mir einer so leidenschaftlich her wäre, dachte sie. Aber die »Balzregeln« wollte sie doch lieber selbst bestimmen.

Als sie wieder vom Wasser hochsah, entdeckte sie Anna auf dem Fahrrad. Ihr offenes Haar war vom Wind zerzaust. Sie hatte sich kaum neben sie gesetzt, da tauchten Klaus und Sebastian auf, die sich zufällig in der Nähe vom Monopteros getroffen hatten und den Rest des Weges gemeinsam gegangen waren. »Ein Wetter für Frühlingsgefühle«, lächelte Klaus. Kurz darauf kam Gerda angelaufen. »Ich hab keinen Parkplatz gefunden.«

»Blitzlicht?«, fragte Britta in die Runde, als alle beisammen saßen.

»Oh ja«, sagte Anna. »Ich mag das sehr und mach das manchmal auch für mich allein.«

»Wie denn?«, fragte Gerda, während sie ihre Bommelmütze wegpackte.

»Ich frage mich, wie es mir augenblicklich geht. Und dann schreibe ich auf, wie ich mich fühle. Das hilft mir, den Draht zu mir nicht zu verlieren.«

Werde ich auch machen, dachte Gerda.

»Ich fang mal an«, sagte Klaus. »Ich fühle mich anders, irgendwie leichter.«

»Machst du denn was anderes als früher?«, wollte Gerda wissen.

»Gute Frage!« Klaus überlegte. »Nein, ich mach nichts anderes. Aber ... hm ... wie soll ich das sagen ... Ich fühle mich anders bei dem, was ich mache.«

»Wie denn?«, bohrte Gerda nach.

»Seit der OP gehe ich wacher durchs Leben.« Er schüttelte den Kopf. »Nein, das ist nicht ganz korrekt. Eigentlich hat es schon vorher angefangen. Seit unserem Treffen am Eisbach.«

Die anderen ließen das Blitzlicht von Klaus unkommentiert und freuten sich mit ihm.

»Ich mach weiter«, sagte Gerda. »Mir geht es auch gut. Ich halte mein Versprechen: Jeden Tag eine kleine Überwindung, um meinen Erfahrungsschatz zu erweitern. Ich kann nicht sagen, dass sich mein Leben dadurch dramatisch verändert hätte. Aber es tut mir gut. Das ist so ähnlich wie bei dir, Klaus. Ihr wisst ja, ich bin eher spirituell unterwegs. Ich habe so viele Bücher über Bewusstheit gelesen, dass ich automatisch davon ausgegangen bin, bewusster als andere zu sein. Mein Irrtum war, dass ich wohl vieles erkannt habe, aber eher als Beobachterin. Dadurch bin ich nicht ins gegenwärtige Erleben gekommen.«

Sie schämte sich bei dem Gedanken daran, wie sie in Annas Experiment in der »Galerie des Nichts« einfach sitzen geblieben war, statt sich vorwärtszutrauen. »Ich habe die emotionale und sinnliche Dimension, die sich im Bewusstsein des Augenblicks eröffnet, zwar verstanden, aber nie wirklich gespürt. Das tue ich erst, seit ich mich mehr aufs Leben einlasse. Oder besser gesagt, wenn ich über meine Sinne vom Kopf ins Jetzt komme.«

Bemerkenswert, dachte Britta und machte weiter. »Ich fühle mich gut, weil mein Muskelkater vom Tanzen endlich weg ist. Ach ja, da ist noch was: Bevor ihr heute Morgen gekommen seid, habe ich beschlossen, mal wieder auf ein Date zu gehen. Aber anders als früher. Freundlicher und bewusster.« Sie schaute dabei Gerda an.

»Mir geht es ähnlich wie euch«, machte Sebastian weiter. »Ich mache Fortschritte und freue mich über die kleinen Alltagsbegebenheiten, seitdem ich sie bewusster wahrnehme. Und ich hoffe, dass es mir weiterhin gelingt, so nah am Leben zu sein. Dabei helfen mir übrigens unsere Treffen enorm. Schade, dass es bald zu Ende geht.«

Sich beziehen

Der Mensch ist ein soziales Wesen – lautet das Postulat der Biologie. Was heißt das eigentlich und wie lebt man das? Unser gesamtes Leben ist ein Sich-Beziehen. Alles hängt zusammen und bedingt sich. Beziehe ich mich nicht, fühle ich mich innerlich und im Außen isoliert. Ich bin sozusagen nicht im Leben. Wenn ich aber weiß, dass ich ein Teil des Ganzen bin und das auch spüre, komme ich sehr viel leichter in Verbundenheit mit allem und damit vom Ich zum Wir.

»Schön, dass ihr das teilt«, sagte Anna, die als Letzte dran war. »Ich fühle mich wohl in meiner Haut. Seitdem ich nicht mehr so im Widerstand gegen alles bin – gegen die Uni, gegen die Profs, gegen meine Eltern – ist mein Kopf freier und ich habe tausend Ideen. Eine habe ich heute für euch mitgebracht.« Sie blickte in die Runde. »Ihr wisst ja, dass ich momentan Architekturzeichnen lerne. In den letzten drei Wochen habe ich jede Menge Häuser skizziert. Dabei ist mir Harry Potter eingefallen. Ihr kennt doch die Bücher mit dem Zauberlehrling. Oder?«

Klaus hatte sich zwar nicht dafür interessiert, aber die Erfolgsstory der Autorin mitbekommen und sich gefragt, wie man mit diesen Fantasiegeschichten so viel Geld verdienen konnte. Britta hatte Harry Potter nicht gelesen, kannte jedoch die Bücher, weil die Kinder ihrer Freundinnen begeistert davon erzählten. Sebastian las wenig und wenn, nur Sachbücher, mochte aber die Verfilmung der Geschichten. Und Gerda hatte alle sieben Bände zusammen mit ihrer Tochter gelesen.

»Also«, erklärte Anna. »Die Kinder in dem Buch gehen auf die Zauberschule Hogwarts. Bei ihrer Ankunft müssen sie einen sprechenden Hut aufsetzen. Der erkennt ihre Fähigkeiten und Vorlieben und entscheidet, in welchem der vier Häuser der Schule die Zauberlehrlinge wohnen werden. Jedes Haus steht für besondere Merkmale wie zum Beispiel: Klugheit und Gelehrsamkeit, Mut und Tapferkeit, Fleiß und Loyalität, Schlauheit und Ehrgeiz.«

»Und?«, fragte Klaus, der nicht verstand, worauf Anna hinauswollte.

»Wir könnten das doch auch mal machen, nur anders.« Sie zog einen schwarzen Zauberhut aus der Tasche und sagte: »Der Reihe nach setzen wir den Hut auf und fragen uns: Wäre ich ein Haus, was wäre ich für eines? Weil dieser Hut zwar inspirierend wirkt, aber leider nicht sprechen kann, müsst ihr selber sagen, was für ein Haus ihr sein wollt. Ich kann ja anfangen, dann seht ihr, wie ich mir das vorstelle.«

»Tolle Idee«, rief Gerda begeistert aus und spontan kam ihr eine gemütliche Wohnung im Norden der Stadt in den Sinn. Oder vielleicht doch was Größeres? Aber sie wollte erst mal Anna zuhören.

Klaus schwieg. Auch wenn er genau wusste, wie sein Traumhaus aussah, wollte er lieber abwarten, was die anderen so erzählen würden.

Anna setzte den Hut auf und sagte: »Ich bin ein Baumhaus und in eine alte Eiche gebaut. Es gibt zwei Etagen, Wohn- und Schlafzimmer unten und Arbeitszimmer oben. So kann ich leicht zwischen diesen beiden Welten wechseln. Alles ist aus Holz. Die Möbel sind selbst gemacht. Zwei große Fenster nach Osten und nach Westen geben den Blick frei auf Sonnenaufgang und -untergang. Die Sonne ist die Uhr, nach der ich mich richte.«

»Und wo steht dein Baumhaus?«, fragte Gerda.

»Hier im Englischen Garten, aber im nördlichen Teil, wo es ruhiger ist. So bin ich in meiner Lieblingsstadt, kann sie nutzen, wenn ich Lust habe, und mich zurückziehen in den Baum, wenn ich es brauche.«

»Ich sehe dein Haus vor mir«, sagte Sebastian. Ihm gefiel Annas überschwängliche Begeisterung und auch, dass sie nicht zuließ, ihre Ideen von der Realität erdrücken zu lassen. Im normalen Leben gäbe es viele Gründe gegen ein solches Baumhaus im Englischen Garten. Wie sollte man eine Baugenehmigung bekommen? Was war mit Strom und fließendem Wasser? Und der Kälte im Winter? Aber diese Fragen waren zweitrangig. Denn das Baumhaus war Anna: natürlich, spielerisch und voller Kreativität. Das alles gab ihr Auftrieb, um ihre Träume zu verwirklichen. Auch wenn es am Ende vielleicht kein Baumhaus im Englischen Garten war.

Anna hielt Gerda den Hut hin. »Ich bin ein Reihenhaus am Stadtrand mit netten Nachbarn«, sagte sie, während sie ihn aufsetzte. Denn mittlerweile hatte sie verstanden, dass es nicht darum ging, den Istzustand ihres Hauses, sondern den Wunschzustand ihres Seins zu beschreiben.

»Ein Eckhaus mit Garten. Klein, aber fein. Die Verkehrsanbindung ist gut, sodass ich schnell in der Stadt bin. Mein Zuhause ist gemütlich. Familie, Freunde und Kollegen kommen gern zu Besuch. Und irgendwann vielleicht auch meine Enkelkinder. Ich koche für alle oder wir grillen im Garten.« Die Vorstellung, mit ihren Lieben eine gute Zeit zu haben, beschwingte Gerda. Geselligkeit hatte sie wegen der vielen Taxifahrerei deutlich zu selten.

»Du bist total dieses Haus«, sagte Klaus. »Da gibt es bestimmt Möbel vom Flohmarkt, am Esstisch ist kein Stuhl wie der andere. Und viele Grünpflanzen.« Das war zwar nicht sein Stil, aber er fühlte sich gedanklich bereits in Gerdas Reihenhaus wohl. Und Gerda fragte sich, wie er das wissen konnte, wo er doch noch nie bei ihr zu Hause gewesen war.

»Dürfen wir auch zu Besuch kommen?«, fragte Anna mit treuem Hundeblick.

»Jederzeit.« Gerda kam es so vor, als würde sie schon in ihrem Reihenhaus wohnen. Sie nahm den Hut ab und setzte ihn Britta auf den Kopf. »Was wärst du für ein Haus?«

»Hm«, überlegte die, während sie mit der Krempe spielte, weil sie das schwarze Ungetüm eigentlich gar nicht aufhaben wollte. Spontan hätte sie gesagt, eine Zweizimmerwohnung im Osten der Stadt, wo es schicke Kneipen gab und mehr los war. Aber was, wenn sie sich selbst mal größer und freier dachte? Was wäre sie dann? »Ein Penthouse!«, rief sie aus. »Ich bin eine Maisonettewohnung im obersten Stock eines Miethauses mit 360-Grad-Blick über die Stadt. Der obere Teil auf dem Dach ist ganz aus Glas.«

Sebastian war überrascht von Brittas Wahl. Er hatte gedacht, sie würde Altbau sagen, und stellte sich eine schön sanierte Wohnung vor. Alles in Weiß.

»In diesem Penthouse hab ich immer den Überblick. Ich bin weg von allem und trotzdem sehe ich von der Terrasse aus das Treiben um mich herum. Alles ist beigefarben: Wände, Möbel, Dekoration. Ich liebe helle Räume, die machen alles so heiter. Deshalb auch das viele Glas.«

Sebastian nickte zustimmend. Ein bisschen hatte er Britta ja so eingeschätzt.

»Und ihr?«, richtete sich Anna an Sebastian und Klaus.

Britta reichte Klaus den Hut, der ihn gleich aufsetzte und loslegte: »Ich stehe auf einem von einem Wäldchen eingesäumten Feld und bin aus Beton und Glas. Ich mag den Kontrast zwischen Moderne und Natur. Die graue glatte Fassade harmoniert wunderbar mit dem vielen Grün ringsherum. Und das Glas verbindet Innen und Außen miteinander. Wenn ich im Winter oder bei Regen im Wohnzimmer in meinem Sessel lese, bin ich in der Natur. Nur geschützt eben. Das Kaminfeuer prasselt und meine Frau puzzelt. Im Keller gibt es nicht nur ein Weinlager, sondern auch ein Labor, damit ich auch noch nach meiner Pensionierung arbeiten kann.«

Alle hatten sofort eine Vorstellung von Klaus als Haus: modern, stabil und luftig.

Klaus gab Sebastian den Hut.

»Ich bin ein Blockhaus mit hundertsechzig Quadratmetern«, beendete der die Runde. »Ich liege an einem See und habe einen Steg, der so wie hier ins Wasser führt. Da liegt ein kleines Motorboot, mit dem ich ans andere Ufer komme, wo eine Stadt ist.« Sebastian blickte verträumt in die Ferne. »Dort habe ich ein Büro. Aber mit meiner Familie lebe ich am See. Wir wandern durch die Wälder. Ich bringe meinen Kindern das Fischen bei. Abends sitzen wir am Lagerfeuer und grillen. Meine Tochter liebt Marshmallows am Spieß.«

Ganz beseelt vom Zauber dieser schönen Vorstellung behielt Sebastian den Hut auf. Es kam ihm so vor, als wollten alle noch einen Augenblick in ihrem Haus sein. Also wartete er eine Weile, um den anderen dann vorzuschlagen, jetzt etwas für die Allgemeinheit zu tun. Er zog eine schwarze Plastikrolle und Einweghandschuhe aus seinem Rucksack. »Wenn wir hier morgens um sieben Uhr zusammenkommen, quellen die Abfalleimer über und es liegt jeden Menge Müll herum. Im Winter weniger, aber trotzdem sieht es hier gerade schlimm aus.«

Britta stimmte ihm zu. Das hatte sie immer schon geärgert. Der viele Unrat, den die Feierfreudigen nachts achtlos im Park liegen ließen, verschandelte nicht nur die Landschaft, er war auch gefährlich für die Kinder und die Tiere im Park.

»Deshalb habe ich mir gedacht, wir räumen heute hier auf.« Sebastian riss für jeden einen Müllsack von der Rolle ab und verteilte Plastikhandschuhe. Danach gab er Anna den Hut zurück.

Gerdas erster Impuls war zu protestieren. Sie zahlte doch Steuern, damit das Aufräumen andere erledigten. Außerdem waren sie keine Arbeits-, sondern eine Freude-Gruppe. Unschlüssig drehte sie den neuen Ring an ihrem Finger und betrachtete die zwei silbernen Buchstaben darauf: OH. Sie hatte das Schmuckstück letzte Woche in einem kleinen Laden erstanden und gedacht, dieses OH könnte sie daran erinnern, die Welt mit Kinderaugen zu bestaunen. Oh, dachte sie und hielt den Mund.

»Der Englische Garten gibt mir viel«, erklärte Sebastian. »Deshalb will ich ihm was Gutes tun.«

»Ich auch«, murmelte Klaus und erhob sich ungelenk, weil seine Glieder vom Sitzen steif geworden waren. »Außerdem räumen wir auf, weil uns das in gute Stimmung bringt.« Der Müll war ihm auch unangenehm aufgefallen, jedoch hatte er nie daran gedacht, etwas dagegen zu unternehmen.

»Der Englische Garten ist die grüne Lunge der Stadt«, brachte sich Anna ein und sprang, begeistert von Sebastians Idee, auf. »Dann helfen wir ihr, wieder besser zu atmen. Das ist doch nice!«

Gerda erhob sich ebenfalls, allerdings bezweifelte sie, dem gemeinschaftlichen Müllsammeln etwas Schönes abgewinnen zu können. Es ärgerte sie eher, dass die Leute alles stehen und liegen ließen. Warum sollte sie diesen Asozialen nachräumen? Widerwillig nahm sie den Müllsack von Sebastian entgegen. Dabei schaute sie auf ihren Ring und erinnerte sich: Oh! Anfängergeist! Sie hatte noch nie Müll gesammelt. Also los, voller Freude wie ein Kind. Sie streifte sich die Plastikhandschuhe über.

Auch Britta konnte sich zunächst nur wenig für Sebastians Vorschlag erwärmen. Es war ihr unangenehm, im Park Müll zu sammeln. Was, wenn sie jemand dabei sah? Peinlich. Dann fiel ihr der Satz wieder ein, den Klaus neulich im Biergarten gesagt hatte: Wer sich da über sie wunderte, hatte das Problem. Hier bot sich ihr die Gelegenheit, mal von sich wegzukommen. Mal etwas für die Allgemeinheit zu tun, für die Besucher, die später noch an den See kommen würden. Außerdem war es eine Trainingseinheit für mögliche Abweisungen.

Als Erstes machten sich Britta und Gerda daran, den hübschen kleinen Platz neben dem Bootshaus mit den vier Bänken und dem Baum in der Mitte zu säubern. Sie beseitigten auch den Müll auf der Wiese um den Abfalleimer herum. Gerda hob einen Pizzakarton auf, ein paar Bierdosen, eine leere Chipstüte und einen kaputten Regenschirm. Britta stellte die vielen leeren Flaschen auf eine der Bänke. Dabei bemerkte sie ein Messingschild an der Lehne. Sie beugte sich hinunter, um zu lesen, was darauf stand: für unsere Tochter Lena. Eigentlich schön, dachte Britta, den Platz, den Lenas Eltern ihrer Tochter gewidmet hatten, nun sauber zu halten. Sie bückte sich wieder und sammelte weiter. Eine Krähe, die sich über einen Rest Pizza hermachte, flatterte aufgeregt davon, das Pizzastück im Schnabel.

»Bei so viel Müll sind wir bis Mittag beschäftigt«, meine Gerda.

Anna und Klaus sammelten alle Flaschen ein. Sie trennten die zum Recyclen von denen, für die es Pfand gab. Auf dem Boden vor einer Bank, wo offenbar ein rauschendes Fest stattgefunden hatte, lagen Kronkorken, Zigarettenkippen, eine Rechnung – Anna beugte sich herunter und erkannte, dass sie von einem Supermarkt stammte –, Taschentücher, Pappbecher – wenigstens kein Plastik, dachte sie –, eine leere Sandwichhülle, ein Kondom – igitt! – und zerknittertes hellblaues Geschenkpapier mit Füchsen drauf. »Ich schäme mich für die Leute«, murmelte Anna. Ihre anfängliche Begeisterung für die Arbeit hatte nachgelassen.

»Ich ärgere mich auch darüber, wie manche mit dem schönen Park umgehen«, sagte Klaus. »Aber ich räume nicht diesen Saubären nach, sondern ich mache es für Mutter Natur.«

Mit spitzen Fingern hob Sebastian, der sich ins Gebüsch geschlagen hatte, um die Überreste einer Zeitung einzusammeln, ein rotes Plastiksäckchen mit Hundekot auf. »Das nervt mich echt«, schimpfte er vor sich hin, während er das Corpus Delicti in den Müllbeutel beförderte. Dabei dachte er: Ich mach das letztlich für mich, weil ich hier etwas Sinnvolles tue.

Nach einer halben Stunde, es war längst hell geworden, und sie hatten vier Säcke Müll zusammengetragen, tauchte ein vierköpfiger Reinigungstrupp in Arbeitskleidung auf, ausgerüstet mit Greifzangen und Müllsäcken.

»Die sind bestimmt von der Verwaltung des Englischen Gartens«, flüsterte Klaus.

Verdutzt blieben die drei Männer und die Frau stehen. Britta ließ vor lauter Verlegenheit abrupt eine Dose fallen, die sie gerade aufgehoben hatte. Was mussten die von uns denken: Dass solche Leute wie wir doch so etwas nicht machen? Bingo, dachte sie, als ihr die automatischen Gedanken bewusst wurden. Wie konnte sie wissen, was die Leute dachten.

»Danke«, sagte einer der Männer. »Jetzt können wir endlich eine Pause machen.« Er zündete sich eine Zigarette an. Die Frau gähnte. »Bei dem schönen Wetter kommt ganz schön viel zusammen. Wir sind seit fünf Uhr morgens unterwegs.«

»Wohin mit den Säcken?«, fragte Sebastian.

»Die nehmen wir nachher mit. Und danke nochmal.«

Zurück am Bootssteg reichte Gerda Desinfektionsmittel für die Hände herum.

»Und was machen wir jetzt?«, fragte Klaus.

»Da hätte ich was«, begann Britta zögerlich.

»Mach es nicht so spannend«, sagte Klaus.

»Ich weiß, dass es fast schon Frühling ist. Aber ich möchte jetzt Winterbaden.« Nach diesen Worten holte sie ein Handtuch aus ihrer Tasche und kleidete sich schnell aus, bevor sie es sich anders überlegte. Ihren Badeanzug hatte sie bereits zu Hause angezogen.

»Oh ja!« Anna hüpfte ein paarmal in die Höhe. Sebastian, der neben ihr stand, war verblüfft. Das sah der sonst so korrekten Britta gar nicht ähnlich. Er zeigte auf ein Schild: »Baden verboten.«

Britta ignorierte seinen Hinweis und tapste barfuß vom Steg ans Ufer. Klaus begleitete sie. »Ich geh mit dir rein.« In Windeseile zog er Schuhe, Socken und Jeans aus. In Unterhosen watete er zu Britta ins Wasser und reichte ihr die Hand. »Wir müssen ein bisschen gehen, bis es etwas tiefer wird. Und wenn ich jetzt sage, tauchst du bis zum Hals unter.«

»Das schaffst du! Atmen nicht vergessen!«, rief Gerda vom Steg aus und gab den Takt vor.

Britta atmete in Gerdas vorgegebenem Rhythmus und setzte einen Fuß vor den anderen. Das eiskalte, glasklare

Wasser reichte ihr bis zu den Knien. Sie hätte nicht gedacht, dass Kälte so wehtun könnte, und blieb stehen.

»Komm«, sagte Klaus. Er hielt Britta immer noch an der Hand. So gingen sie einige Meter, bis es tiefer wurde. Britta schaute auf die von grauem Schlick überzogenen Steine am Grund des Sees. Auf der Wasseroberfläche schwamm etwas Entendreck.

»Du hast es gleich geschafft«, ermunterte Klaus. Das Wasser reichte Britta mittlerweile bis zu den Oberschenkeln. Dann ging sie mit nach oben gezogenen Schultern weiter.

Klaus sagte: »Jetzt runter. So bleibst du ein bisschen. Und atmen nicht vergessen.«

Das schaffe ich nicht, sagte die Stimme in Britta Kopf. Dann tauchte sie bis zum Hals unter. Erst blieb ihr die Luft weg, dann schrie sie: »Kalt, kalt, kalt.«

»Weiteratmen«, erinnerte sie Klaus. Er beobachtete, wie die Reinigungskräfte am anderen Ufer ihre Arbeit unterbrachen und schauten, was bei ihnen los war. Zwei von ihnen schüttelten den Kopf, dann machten sie weiter. Britta bekam das gar nicht mit, weil sie so beschäftigt war, durchzuhalten.

»Du bist meine Heldin«, rief Anna vom Ufer aus.

Sebastian klatschte in die Hände, als würde er auf dem Fußballplatz seine Lieblingsmannschaft anfeuern. »Go, Britta!«

Noch bevor Klaus sagen konnte, dass es Zeit war, rauszugehen, watete Britta so schnell sie konnte ans Ufer, wo Gerda schon mit dem Handtuch bereitstand. »Gut gemacht«, sagte sie und setzte Britta ihre Bommelmütze auf.

Danach holte sie ihre Thermoskanne aus der Tasche und reichte ihr einen heißen Tee. »Den hast du dir redlich verdient!«

Anna beobachtete, wie Britta in kleinen Schlucken trank. Dabei dachte sie: Am Anfang der Treffen war sie wie eine strenge Lehrerin. Aber die Frau, die jetzt in das große Handtuch gewickelt und mit Gerdas rosa Mütze auf dem Kopf ihren Tee trinkt, sieht so locker aus und lacht.

»Danke«, sagte Britta und gab Klaus ihr Handtuch. Während er sich abtrocknete, lief sie mit ihren Kleidern in der Hand hinter einen Busch und zog sich an.

Kurz darauf saßen alle wieder am Steg. Britta, die sich mit Klaus eine Decke über den Beinen teilte, fühlte sich pudelwohl. Das Bad im kalten Wasser, vor dem sie sich so gefürchtet hatte, war belebend gewesen.

»Wie geht es dir jetzt?«, wollte Sebastian wissen, obwohl man Britta das ansah. Die Wangen waren gerötet und ihre Augen glänzten.

»Ich bin einfach nur froh!« Das traf es noch am ehesten, denn Britta hätte nicht mit einem Wort beschreiben können, wie sie sich fühlte: Ihre Haut kribbelte angenehm. Sie war erschöpft und gleichzeitig hellwach, erleichtert und stolz – ja, glücklich. Sie fühlte sich stark, als könnte sie allem trotzen.

»Du strahlst«, bemerkte Sebastian.

Britta legte ihre Hände auf der Höhe ihres Herzens übereinander, während sie der Reihe nach jedem in die Augen schaute. »Danke. Ohne euch hätte ich das nicht hinbekommen.«

»Ach«, winkte Gerda ab.

Nur widerwillig trennten sich die fünf Musketiere an diesem Morgen mit herzlicher Umarmung voneinander. Zum einen, weil sie die gemeinsame Zeit so schätzten. Und zum anderen, weil sie wussten, dass sie bald zu Ende sein würde.

In der Zwischenzeit

Britta – sechs Tage nach dem fünften Treffen

»Kommst du von hier?«

Britta schüttelte den Kopf und fragte sich, wie sie die Konversation mit dem Mann, der neben ihr saß, interessanter gestalten könnte. Es kam ihr so vor, als würde er eine imaginäre Checkliste abhaken. Als Nächstes käme wahrscheinlich die Frage, welche Musik sie mochte. Bingo, dachte sie. Er war bestimmt nett und vielleicht gerade etwas nervös, was man ihm nicht verdenken konnte. Auch sie hatte sich zu Beginn dieses Dating Dinners unwohl gefühlt: zehn fremde Leute, fünf Frauen und fünf Männer, an einem Tisch in einem Restaurant, in dem sie noch nie gewesen war.

»Treffen Sie Ihren Herzensmenschen bei einem entspannten Abendessen«, hatte es auf der Homepage des Veranstalters geheißen. Nach jedem von insgesamt fünf Gängen wurden die Plätze getauscht, sodass Britta am Ende der Hauptspeise bereits einige Leute etwas kennengelernt hatte.

Als der Kellner die Nachspeise abgeräumt hatte, setzte man sich wieder um. Britta befand sich nun in der Mitte der Tafel. Die beiden Herren links und rechts neben ihr unterhielten sich mit ihrem weiblichen Gegenüber. Der Mann ihr gegenüber war gerade aufgestanden, um draußen eine Zigarette zu rauchen. Daher saß Britta zum ersten Mal an diesem Abend einfach nur still da. Sie trank den letzten Schluck des Sauvignon Blanc, der einen beerigen Geschmack und hervorragend zu den Muscheln gepasst hatte. Sie lehnte sich zurück und beobachtete die anderen. Normalerweise hätte sie in so einem stummen Moment zwanghaft versucht, Konversation zu betreiben, oder wäre peinlich berührt auf die Toilette gegangen und viel länger als nötig dort geblieben. Heute fühlte sie sich anders, irgendwie gelassener. Zu manchen der anwesenden Herren hatte sie sofort einen Draht bekommen, da war das Reden leicht gewesen. Und mit anderen gestaltete sich die Unterhaltung schwerfälliger, auch wenn sie ihr sympathisch waren. Insgesamt hatte der Veranstalter gute Arbeit bei der Zusammensetzung der Leute geleistet. Alle, nicht nur Britta, schienen sich gut zu unterhalten.

Jemand tippte Britta auf die linke Schulter. Sie drehte sich zur Seite und schaute in das freundliche Gesicht einer Frau ihres Alters, die sich hinter dem Rücken des Mannes, der zwischen ihnen saß, zu ihr beugte. »Hey«, sagte sie, »ich bin Simone. Wir haben noch gar nicht miteinander geredet.«

»Das können wir ja jetzt nachholen. Ich bin Britta.« Sie streckte Simone die Hand hin. »Schön, dich kennenzulernen.«

Die Zeit verging im Gespräch wie im Flug, und Britta hatte bald das Gefühl, Simone schon ewig zu kennen.

»Willst du gleich nach Hause?«, fragte Simone, als sich die Veranstaltung dem Ende neigte.

»Wir können ja noch was an der Bar trinken«, schlug Britta vor.

Ein paar Minuten später nippten sie an ihren Cocktails und Simone sagte: »Darf ich dich was fragen?«

»Klar!«, antwortete Britta, während sie die Maraschino-Kirsche aus ihrem Manhattan angelte.

»Ich habe das Sperrbild auf deinem Handy gesehen. Bist du Tänzerin?«

»Ach, das.« Britta schüttelte den Kopf, während sie auf ihr Handy tippte. Das erhellte Display zeigte das Foto einer Ballerina, die sich die Spitzenschuhe band. »Ich hab gerade erst wieder mit dem Tanzen angefangen.« Dann erzählte sie vom Barre Training und wie viel Freude ihr das machte.

»Das klingt spannend«, sagte Simone und hob ihr Glas. »Ich liebe Tanzen und Menschen, die sich was trauen. Auf die Neuanfänge!«

»Ladies, einen letzten Drink, bevor wir schließen?«

»Danke, wir haben noch«, antwortete Britta. Erst jetzt bemerkte sie, dass es bereits nach Mitternacht war. Über eine Stunde lang hatten sie sich angeregt über alles Mögliche unterhalten. Es war mit Ballett losgegangen, und nun waren sie bei den Malediven angelangt, wo Simone viele Jahre lang als Reiseleiterin gearbeitet hatte, bevor sie beschloss, sesshaft zu werden.

»Vielleicht sollten wir mal zusammen verreisen«, sagte Simone. »Ich könnte mir vorstellen, dass wir gut miteinander auskommen.«

Britta nickte. Es war erstaunlich unkompliziert, mit Simone zu reden.

»Und wohin würdest du gern?«

Da musste Britta nicht lang überlegen. »Marrakesch.« Diese Stadt faszinierte sie schon immer, aber als alleinstehende Frau hatte sie sich nicht dahin getraut. Und ihre Freundinnen wollten lieber nach Ibiza, was Britta nicht reizte.

»Gute Idee. Ich kenne da ein zauberhaftes Hotel. Das wird dir gefallen.« Simone hielt kurz inne und schaute Britta an: »Moment mal, meinst du das auch wirklich ernst?« Sie gab Britta eine kurze Bedenkzeit und fügte dann hinzu: »Ich nämlich schon.«

»Klar!« Britta hob ihr Glas, um mit Simone anzustoßen. Dann fragte sie: »Wann?«

»Bis Mai ist die beste Reisezeit. Danach erst wieder Ende September.«

»Dann sollten wir das gleich angehen.«

Gerda – dreizehn Tage nach dem fünften Treffen

Wenn ich schon am Samstag arbeite, dachte Gerda, dann kann ich mir auch was gönnen. Sie fuhr zu dem Café, das sie vor zwei Wochen entdeckt hatte, als sie einen neuen Standplatz ausprobierte. Dort kehrten oft Taxifahrer ein und sie hatte auch schon ein paar von ihnen kennengelernt.

»Gerda!« Ein älterer Kollege winkte ihr zu, als sie das Café betrat. Er saß mit einem jüngeren Mann am Tisch, den sie nicht kannte. Sie setzte sich zu ihnen.

»Lang nicht gesehen«, sagte der Kollege und stellte den anderen als Serkant vor. »Auch ein Taxler, aber noch nicht lang im Geschäft.« Er klopfte Serkant auf den Rücken. »Noch grün hinter den Ohren.«

Serkant lief rot an.

»Und wie geht's bei dir?«, fragte der Kollege und redete, ohne Gerdas Antwort abzuwarten, weiter: »Bei mir besch...eiden. Die amerikanische Konkurrenz macht mich fertig. Wenn das so weitergeht, wär's besser, in Frührente zu gehen. Aber aufhören kann ich mir nicht leisten. Du?«

Gerda schüttelte den Kopf und dachte: Ich will gar nicht aufhören.

»Wir müssen halt kreativer sein als die Konkurrenz«, sagte Serkant.

»Vergiss es! Such dir lieber gleich 'nen neuen Job.«

Gerda fand ihren Kollegen sehr harsch im Umgang mit Serkant, wollte aber keinen Streit. Den alten Haudegen würde sowieso kein Argument für die Zukunft des Taxifahrens überzeugen. Also konnte sie genauso gut schweigen.

»Aber es kann doch nicht sein, dass es keine Taxifahrer mehr braucht«, sagte Serkant. »Wenn wir uns zusammentun, fällt uns bestimmt was ein.«

»Nee«, winkte der Ältere ab. »Das ist ein einsames Geschäft. Alles Einzelkämpfer!«

»Aber du kannst doch nicht alles so hinnehmen«, machte Serkant erneut einen Versuch, seinen frustrierten Kollegen zu motivieren.

»Lass gut sein. Ich muss los.« Er winkte der Bedienung. »Zahlen!« Gebeugt schlurfte er davon, nachdem er sich verabschiedet hatte.

»Hast du auch solche Bedenken?«, fragte Serkant vorsichtig, als der Kollege weg war.

»Hm«, antwortete Gerda, während sie über Serkants Frage nachdachte. »Klar mach ich mir auch Sorgen«, sagte sie schließlich. »Aber ich will nicht dauernd im Jammertal leben. Verstehst du das?«

Serkant nickte.

»Ich will einfach nur zufrieden sein.«

»Und wie geht das?«

»Ich mach doch schon das, was mir Spaß macht. Ich fahre gern Auto, lerne neue Menschen kennen und verdiene dabei auch noch Geld.«

Wieder nickte Serkant. »Dann lass uns zusammen überlegen, wie wir noch möglichst lang im Geschäft bleiben.« Er zog ein Tablet aus der Innentasche seines Jacketts. »Also, was können wir tun, um unseren Umsatz anzukurbeln? Was macht uns besser als die Konkurrenz? Komm, sammeln wir Ideen.«

»Fangen wir mit deiner letzten Frage an: Ich bin freundlich, sehr engagiert, kann auf andere gut eingehen, habe gute Manieren und gehe die Extrameile für meine Kundschaft.«

Serkant schrieb mit. Als er fertig war, sagte er: »Das gilt auch für mich. Und solche Leute wie wir werden doch noch gebraucht! Was hältst du davon: Wir sprechen ein paar große Firmen an oder Hotels mit exklusiven Gästen.«

»Super Idee.«

Nach einer knappen Stunde hatten sie eine Reihe von Maßnahmen gesammelt, die ihr Geschäft beleben könnten. Das fühlte sich gut an. Gerda bestellte für Serkant und sich Spezi. »Ich lade dich ein.«

Als die Bedienung die Getränke gebracht hatte, hob Serkant sein Glas: »Dafür, dass wir uns nicht kennen, haben wir echt gut zusammengearbeitet. Danke.«

»Das kann man wohl sagen. Prost!«

»Man könnte sich ja noch mal treffen. Was meinst du?«

»Nächsten Samstag hier, selbe Zeit«, sagte Gerda. Sie hob erneut ihr Glas und freute sich, einen engagierten Mitstreiter gefunden zu haben. Das war's: Nicht jammern, sondern etwas machen und kreativ sein.

Sebastian – achtzehn Tage nach dem fünften Treffen

Nur noch wenige Meter bis zum Gipfel, dachte Sebastian und erfreute sich an dem strahlend schönen Tag. Die Aussicht über das Gebirgsmassiv war spektakulär. Auf den Gletschern lag Schnee, die Wiesen talwärts blühten duftend und in einiger Entfernung leuchtete ein smaragdgrüner Bergsee. Die Luft war frisch … Mit einem tiefen Atemzug kehrte er von seiner Insel der Freude zurück. Er öffnete die Augen und spürte, im Bürosessel sitzend, in sich hinein. Die Sorge, dass sein Plan nicht aufgehen würde, war nach der Fantasiereise kleiner geworden. Er schaute auf die Design-Wort-Uhr an der Wand, wo geschrieben stand: »Es ist neun Uhr neunundfünfzig.« In dem Moment klopfte es an der Tür und seine Assistentin kam herein.

»Du wolltest mich sprechen?«, sagte sie.

»Ja, Ina, setz dich doch bitte.« Sebastian zeigte auf einen Stuhl an dem kleinen runden Besprechungstisch. Dann stand er hinter seinem Schreibtisch auf, nahm seinen Kaffeebecher und setzte sich neben sie.

»Du magst es ja, wenn ich gleich auf den Punkt komme.«

Ina grinste.

»Mein Workload hat in den letzten zwei Jahren so zugenommen, dass ich immer weniger Zeit habe, mich ausreichend und proaktiv um die Zukunft des Unternehmens zu kümmern.« Allein das auszusprechen, verschaffte ihm bereits ein Gefühl der Erleichterung. »Wir arbeiten seit der Gründung sehr gut zusammen, und als Assistentin der Geschäftsführung ist dein Werdegang ja darauf ausgerichtet, nach und nach mehr Verantwortung zu übernehmen. Ich finde, es ist an der Zeit dafür. Was meinst du?«

Ina nickte lächelnd, sagte aber nichts weiter. Das schätzte Sebastian so an ihr, dass sie ein bedachter Mensch war, der erst einmal zuhörte. Eine gute Eigenschaft für eine zukünftige Führungskraft.

»Sehr gut. Dann erzähle ich dir jetzt meine Pläne.« Er trank einen Schluck Kaffee, bevor er weitersprach. »Ich möchte sukzessive operative Aufgabenbereiche abgeben. Und da kommst du ins Spiel: Du weißt, wie der Laden läuft, du kennst die Mitarbeiterinnen und Mitarbeiter gut, du bist smart und hast Führungsqualitäten. Ich wäre dein Supervisor, was die neuen Aufgaben angeht, und in den ersten Monaten, bis du alles im Griff hast, dein enger Sparringspartner. Natürlich bleibe ich auch danach dein Berater, wenn du mich brauchst. Aber unser

Ziel ist es, dass du in neun Monaten das operative Geschäft führst. Hältst du das für machbar? Und willst du das?«

Wieder nickte Ina. Die Freude über die neuen Aufgaben war ihr anzusehen. »Ich hab da sogar große Lust darauf, Sebastian. Wir haben in den letzten Jahren trotz der vielen Ups and Downs immer alles geschafft. Daher fühle ich mich von dir bestens vorbereitet auf die Aufgabe. Vielen Dank für dein Vertrauen.«

»Danke mir mal lieber nicht.« Er lächelte. »Denn vor dir liegt nun ein Haufen Arbeit! Über das Finanzielle und die Planung sprechen wir dann gesondert noch mal«, beendete Sebastian das Gespräch, erfreut darüber, dass Ina sich das zutraute.

»Alles klar, du hast ja gleich einen Termin. In Outlook stand bloß Vagusnerv. Keine Ahnung, was das ist.«

»Danke für den Hinweis.« Im Moment wollte Sebastian Ina noch nicht erzählen, dass er darüber nachdachte, in ein Start-up zu investieren. Zum einen, weil er nicht gern über ungelegte Eier sprach. Und zum anderen, weil das Projekt nichts mit seiner Firma zu tun hatte. Auf einem Innovation-Hub hatte er ein Start-up entdeckt, das mithilfe Künstlicher Intelligenz den Vagusnerv stimulieren wollte. Wenn alles so lief, wie die beiden Gründerinnen sich das vorstellten, wäre es ihnen damit möglich, Stressreaktionen im Körper zu reduzieren. Dieses Vorhaben faszinierte Sebastian. Denn der Vagusnerv war, wie er gelernt hatte, eine Art Schaltstelle zwischen Gehirn und Körper. Der Ruhe- und Erholungsnerv, wie man ihn auch nannte, war ein Teil des parasympathischen Nervensystems, regulierte zahlreiche Körperfunktionen und war auch für Regeneration zuständig. Sein Gegenspieler, das sympathische Nervensystem, aktivierte die Leistungs- und Kampfbereitschaft.

Sebastian hatte eine der Gründerinnen des Start-ups, eine Neurochirurgin, auf einem Kongress kennengelernt und war sofort begeistert gewesen von der Mission, den Vagusnerv über Künstliche Intelligenz und nicht mehr nur durch Atemtechniken oder Elektrostimulation zu aktivieren. Deshalb hatte er für heute ein zweites Treffen mit den beiden Entwicklerinnen anberaumt, um sich vor der Entscheidung, als Investor und Techberater einzusteigen, einen tieferen Einblick in die Materie zu verschaffen.

»Aber schaffst du es dann noch in deinen Kletterkurs?« Ina sah ihn fragend an.

»Mist, das hab ich vergessen! Danke, dass du mich erinnerst.« Er atmete einmal tief durch. Was für ein Tag! Eins nach dem anderen. Er war entschlossen, alles unter einen Hut zu bekommen, denn er freute sich auf das Bouldern. Das Klettern forderte ihn nicht nur in Sachen Kraft und Ausdauer heraus, sondern war auch ein gutes mentales Training. Obwohl er angeseilt war, musste er sich überwinden, an die Wand zu steigen. Aber er war, was seine Talente und Fähigkeiten anging, lieber über- als unterfordert. Und eines hatte er in den letzten Jahren leider vernachlässigt: Jeden Tag was Neues zu lernen, dabei auch Fehler zu machen und dann nicht selten verrückte Lösungen zu finden.

Klaus – zehn Tage vor dem letzten Treffen

»Ein bisserl dauert's noch, bis der Professor frei ist«, sagte die Dame am Tresen. »Nehmen Sie doch im Wartezimmer Platz.«

Mit einem »Guten Morgen« begrüßte Klaus den anderen Patienten, während er sich hinsetzte. Dann holte er aus seiner Tasche den Prospekt einer Firma, die Campingmobile herstellte.

Vor ein paar Wochen hatte seine Frau vorgeschlagen, nach der ganzen Krankheitsmisere doch mal länger wegzufahren. »Drei Monate nur für uns, eine Tour durch Südeuropa. Meinst du, du könntest unbezahlten Urlaub nehmen?«

»Drei Monate im Hotel?«, hatte Klaus entgegnet und dabei nicht nur an die Kosten, sondern auch an seine geliebten Gewohnheiten gedacht, vom selbst gebrauten Kaffee bis hin zu seinen Büchern.

»Wir könnten doch mit einem Camper reisen«, hatte seine Frau schließlich vorgeschlagen.

Seither war Klaus diese Idee überhaupt nicht mehr aus dem Kopf gegangen, und er hatte angefangen, im Internet nach Camping-Mobilen zu recherchieren. Leider war ein neues Fahrzeug, egal welches Modell, definitiv zu teuer.

»Sind Sie das erste Mal bei Prof. Dr. Müller?«, fragte der Patient, der sich mit ihm im Wartezimmer befand.

Klaus sah von seiner Lektüre hoch. Der Mann wirkte unsicher und sah sehr blass aus. Ein bisschen wie er – vor drei Monaten. Vielleicht war er ja sehr krank.

»Ich bin schon länger hier in Behandlung«, antwortete Klaus. Bei dem Gedanken an die Zeit, die hinter ihm lag, spürte er Mitgefühl mit dem Mann.

»Auch Darmkrebs?«

Klaus nickte. In der Hoffnung, dem anderen Mut zu machen, fügte er hinzu: »Stadium zwei. Ist gerade noch mal gut gegangen.«

Der Mann atmete tief durch und sagte: »Ich bin Stadium drei. Vor sieben Wochen operiert und jetzt das erste Intervall Chemo.«

»Und wie geht es Ihnen?«

»Beschissen.« Der Mann seufzte. »Die ersten achtundvierzig Stunden Müdigkeit, Taubheitsgefühle, Übelkeit, Erbrechen. Die Hölle! Ich weiß gar nicht, wie ich das monatelang durchhalten soll. Die Heilungschance liegt bei fünfundsechzig Prozent.«

»Das ist immerhin mehr als die Hälfte«, sagte Klaus und bereute die Bemerkung bereits, kaum hatte er sie ausgesprochen.

Der Mann verzog das Gesicht zu einem missglückten Lächeln. »Ob die Quälerei überhaupt was bringt, ist zu fünfunddreißig Prozent noch nicht raus.« Er schüttelte den Kopf.

Klaus schwieg, hielt aber Augenkontakt mit dem Mann. Er wollte ihm ohne Worte sagen, dass er ihn verstand. Denn er wusste, wie schwer es war, die Realität einer solchen Krankheit zu akzeptieren und trotzdem nicht aufzugeben.

Die Dame vom Empfangstresen kam ins Wartezimmer und sagte zu seinem Nachbarn: »Sie können jetzt kommen.«

»Viel Glück«, gab Klaus dem Mann mit auf den Weg.

»Ihnen auch.«

Ich habe tatsächlich Glück gehabt, dachte Klaus, kaum war er allein. Er spürte Dankbarkeit dafür, dass er noch am Leben war. Auch wenn er nicht wusste, wie viel Zeit ihm noch blieb – wer weiß das schon? – war seine Perspektive wesentlich besser. Das war doch ein Geschenk! Er hatte Zeit, noch was zu erleben! Zum Beispiel mit seiner Frau auf Reisen zu gehen. Er schloss die Augen und stellte sich vor, wie er mit ihr in der Provence durch malerische Bergdörfer fuhr und auf einer Anhöhe Halt machte. Hand in Hand schauten sie der Sonne beim Untergehen zu. Das Licht war magisch. Der Duft von frischem Lavendel um sie herum. Sie tranken eiskalten Rosé und schwiegen. Es war wunderschön.

»Der Professor ist jetzt für Sie da«, holte ihn die Dame vom Tresen aus seiner Träumerei.

Klaus schrieb seiner Frau noch schnell eine WhatsApp: »Du hast recht, Liebes! Wir verreisen! Mit einem Camper. Freiheit!!« Am liebsten wäre er sofort losgefahren – nach Süden, ohne festes Ziel.

Anna – zwei Tage vor dem letzten Treffen

Nachdem sie auf Absenden gedrückt hatte, lehnte sich Anna erleichtert in ihrem Schreibtischsessel zurück. Seit Tagen recherchierte sie nach einer Beratungsstelle, um sich für die Aufnahme an die Kunstakademie vorzubereiten.

Und heute hatte sie einen Mappenkurs im Internet entdeckt und sich sofort angemeldet. Man würde dort ihre Skizzenbücher, Entwürfe, Zeichnungen begutachten und besprechen, was davon geeignet für ihr Portfolio war und was sie noch gestalten müsste. Ihren Eltern hatte sie bisher nichts davon erzählt. Sie wollte vor allem dem Vater nicht die Freude verderben, dass seine Tochter endlich das erste Staatsexamen hinter sich gebracht hatte.

Obwohl die Prüfungsergebnisse erst im Juni bekannt gegeben wurden, war sich Anna sicher, bestanden zu haben. Und sie würde auch das zweite Staatsexamen meistern. Diese innere Sicherheit fühlte sich wunderbar an, denn das war nicht immer so gewesen. In den ersten Semestern hatte sie sich wochenlang juristisches Wissen eingetrichtert und am Tag der Prüfung alles ausgespuckt, ohne den tieferen Sinn erfasst zu haben. Das war alle sechs Monate ziemlicher Stress gewesen und hatte ihr das Studium regelrecht vermiest. Erst mit Beginn des Hauptstudiums fing sie langsam an, das spezielle juristische Denken und die Methodik zu verstehen. Jura bot jede Menge Auslegungsspielraum. Es gab nicht die eine richtige Antwort auf eine rechtliche Frage und auch nicht die eine Lösung eines Falls. Es ging viel eher darum, die unterschiedlichen Aspekte einer Argumentation zu betrachten. Als sie das verinnerlicht hatte, machte ihr das Studium mehr Spaß. Ihre Entscheidung, keine Anwältin, Richterin oder Notarin werden zu wollen, vermittelte ihr zusätzlich die nötige Gelassenheit, um entspannt in die Prüfung zu gehen.

Zufrieden blätterte sie die Zeichnungen vor sich auf dem Tisch durch. Da gab es Naturstudien mit Motiven aus dem Englischen Garten, Aktzeichnungen, für die eine Freundin Modell gestanden hatte, und Tierporträts, darunter Kater Diesel, aber auch ein verschrottetes Auto und ein paar abstrakte Bilder. Anna hoffte, dass diese Arbeitsproben nicht nur ihre Disziplin und ihren Fleiß widerspiegelten, sondern auch ihr handwerkliches Können, ihr künstlerisches Auge und ihre Fähigkeit, einer Darstellung auf Papier Lebendigkeit und Tiefe zu geben. Sie war stolz, das alles neben dem Studium und den Prüfungen durchgezogen zu haben, auch wenn sie im Moment weder sagen konnte, ob ihre Arbeiten für die Aufnahme in die Akademie reichten, noch, ob sie dieses zweite Studium überhaupt machen wollte. Sie wusste gerade nur eins genau: dass sie das jetzt versuchen musste, um nicht aufgegeben zu haben, bevor sie es überhaupt probiert hatte. Brittas neu erwachte Ballettleidenschaft bewies zwar, dass es nie zu spät war für einen Neuanfang, aber Anna wollte ihre Leidenschaft nicht erst im Einerlei des Lebens aus den Augen verlieren.

Da ist eine ganze Menge schöner Sachen zusammengekommen, freute sie sich, während sie die Zeichnungen und Skizzen zurück in ihre Mappe legte. Dass ihre Eltern nichts von ihrem Sinneswandel und dem verstärkten künstlerischen Engagement gemerkt hatten, beruhigte sie. Zum gegebenen Zeitpunkt würde sie von der Kunstakademie erzählen. Sie wollte ihre Eltern weder verärgern noch verunsichern. Es war verständlich, dass sie sich Sorgen machten.

April

Sechstes Treffen am Japanischen Teehaus

Wie Sardinen in der Büchse lagen die fünf Freunde nebeneinander auf Isomatten und schauten still in den wolkenverhangenen Himmel. Regen lag in der Luft und die Sonne wollte sich heute wohl nicht blicken lassen. Vor ein paar Tagen war der Englische Garten nach dem letzten Auftritt des Winters noch mit einer dünnen Schneeschicht überzogen gewesen. Aber jetzt kehrte das blühende Leben zurück. Die grünen Wiesen waren gesprenkelt von Wildblumen und einige Sträucher und Bäume trugen bereits Knospen.

Eigentlich hatten sie vorgehabt, ihr Lager auf der Wiese am Japanischen Teehaus aufzuschlagen, das sich auf einer kleinen Insel hinter Bäumen verbarg. Aber der Zugang war gesperrt gewesen. Also hatten sie sich spontan für einen anderen Platz auf der gegenüberliegenden Seite der Insel unter einer großen Eiche entschieden, die beim Frühlingserwachen noch nicht mitmachte. An den Ästen hingen welke Blätter. Es war bereits hell geworden und sie hatten ihr letztes Blitzlicht sowie das letzte Mal die Ego-Selbst-Übung absolviert.

»Bevor wir auseinandergehen«, sagte Sebastian, während er sich aufsetzte, »würde ich gern mit euch darüber reden, was jedem von uns der Freude-Kreis gebracht hat. Wenn ihr wollt, fang ich an.« Er schaute in die Ferne und erzählte: »Ich fühle mich jetzt leichter.« Er machte eine Pause, bis sich die anderen auch aufgerichtet hatten.

»Warum?«, fragte Klaus schließlich.

»Als Erstes haben mir meine Auszeiten geholfen. Die sind keine Muss-Termine mehr für mich«, er überlegte kurz, »sondern eine Wohltat. Ich will mir damit Gutes tun. Ich habe auch mein Berufsleben anders organisiert und mir endlich Support im Office geholt, damit ich wieder zu mir komme. Vor unseren Treffen bin ich ja auf der letzten Rille gefahren. Ich wusste gar nicht mehr, was ich mag und was nicht. Das spüre ich jetzt wieder! Ich bin bewusster geworden und habe mehr Energie. Unser Zusammensein, unsere Gespräche, die Übungen und die neuen Erfahrungen, all das hat mich lebendiger gemacht.«

»Das finde ich toll!«, sagte Anna. Sie zuckte kurz und fuhr sich mit der Hand über die Wange. »Ich will ja nicht ablenken, aber ich glaube, ich hab gerade einen Regentropfen gespürt.«

»Ich auch«, sagte Gerda. »Aber wir sind ja nicht aus Zucker.«

»Dann mach ich mal weiter«, sagte Britta und spannte, obwohl es noch gar nicht richtig regnete, den Knirps auf, den sie immer in der Tasche trug. »Die beste Erfahrung, die ich aus unserem Kreis mitnehme, ist, dass ich mich weniger ärgere, andere wirklich sehe und sie ernster nehme. Es geistern zwar immer wieder negative Gedanken durch meinen Kopf, aber sie nisten sich da nicht mehr so ein.«

»Und wieso nicht?«, fragte Gerda und schaute in den grauen Himmel.

»Irgendwie ist da weniger Raum für Negatives oder besser gesagt, ich gebe ihm den nicht mehr. Und es gelingt mir besser, mehr auf das, was funktioniert, und auf das Schöne zu schauen. Vor ein paar Wochen habe ich eine echt nette Frau kennengelernt, mit der ich jetzt öfter was unternehme. Wir haben ähnliche Interessen, und es kommt mir vor, als würden wir uns schon ewig kennen.« Sie dachte kurz darüber nach, wie sie den anderen erklären konnte, warum diese Bekanntschaft so wichtig für sie war. »Ich hab mit euch gemerkt, dass es mir mehr Freude macht, mit freundlichen Menschen zusammen zu sein als auf der Suche nach einem Mann zu sein. Eine gute Freundin, das merke ich jetzt, deckt viele seelische Bedürfnisse ab, wozu ein Mann vielleicht nicht immer in der Lage ist.«

Sebastian holte sein Baseball-Cap aus seinem Rucksack. Klaus zog den Reißverschluss seiner wasserdichten Jacke nach oben. Den wenigen Haaren, die er noch auf dem Kopf hatte, würde ein Regenschauer nichts ausmachen.

»Ich hätte nie gedacht, dass mir das Zusammensein mit euch so viel Spaß und Unterstützung bringt«, sagte Anna. »Als meine Patentante mit dem Vorschlag kam, in einen Freude-Kreis zu gehen, dachte ich erst: Das klingt eher nach etwas für meine Oma. Circle of Joy hätte mir besser gefallen, das klingt moderner und cooler. Aber dann kam alles anders.«

Weil es angefangen hatte zu nieseln, rutschte Anna zu Britta unter den Schirm und kramte eine Mappe aus ihrer Tasche. »Aber bevor ich erzähle, was ihr alles in mir angestoßen habt, würde euch gern etwas schenken.« Sie öffnete die Mappe und zog ein paar handgezeichnete Karten heraus, die jeweils in einer durchsichtigen Schutzhülle steckten. »Ich hab für jeden und jede von euch das Haus, das euch verkörpert, gezeichnet.« Sie hob die erste Skizze hoch und sagte: »Das ist mein Baumhaus.«

Klaus setzte seine Brille auf, um Annas Bild genauer zu betrachten. Er war überrascht, wie viel Freude ihm da entgegensprang. Das war nicht nur ein Baumhaus, das war ein riesiger Kinderspielplatz. Es gab Leitern, über die man in die verschiedenen Etagen klettern konnte, und sogar eine Schaukel. Die Außenwände der verschachtelten Wohneinheiten waren bunt gestrichen und auf der Veranda, die um das Haus verlief, standen Kübel mit riesigen Sonnenblumen.

»Beim ersten Treffen dachte ich ehrlich gesagt«, fuhr Anna fort, »ihr seid so wie meine Eltern.«

Sebastian räusperte sich, um sanft zu protestieren, dass Anna ihn altersmäßig mit den anderen in einen Topf warf.

»Aber ihr seid total anders, so entspannt und lieb. Ihr habt mir nicht das Gefühl gegeben, dass ich ein Küken bin und ihr alles besser wisst. Wir sind irgendwie auf Augenhöhe. Ich habe auch von euch gelernt, dass es nicht das Leben ist, das mich stresst, sondern wie ich es beurteile und damit umgehe. Mittlerweile finde ich sogar gut, dass es Freude-Kreis heißt, weil das Nähe ausdrückt.« Sie errötete leicht und sagte etwas leiser: »Der Freude-Kreis ist für mich wie ein Freundeskreis geworden.«

Die anderen vier waren sichtlich gerührt.

Anna nahm noch einmal ihre Zeichnung zur Hand. »Es wäre doch schön und vielleicht auch hilfreich, wenn wir auf die Rückseite unserer Karte jeweils ein Wort schreiben, das für uns ganz persönlich Lebensfreude ausdrückt.« Sie lächelte. »Mein Wort ist: schöpferisch. Wenn ich nicht das passende Leben für mich erschaffe, wer sonst? Und wenn nicht jetzt, wann dann? Mich gut in meiner Haut zu fühlen, dafür zu sorgen, zufrieden und happy zu sein, ist doch genauso ein kreativer Akt wie das Zeichnen.«

Anna legte ihre Karte in die Mappe zurück und nahm eine andere, während sie sagte: »Ich finde es echt schade, dass einem das nicht in der Schule beigebracht wird.«

»Das hätte bestimmt vieles leichter gemacht«, murmelte Sebastian.

»Hier ist dein Haus.«

Sebastian nahm die kleine Bleistiftskizze mit seinem Blockhaus am See entgegen. Er war erstaunt, wie einfühlsam Anna mit nur wenigen Strichen seine Vorstellung von seiner Insel der Freude getroffen hatte, die Ruhe ausstrahlte und zugleich Abenteuer verhieß.

»Herzlichen Dank«, sagte er. »Die Zeichnung ist wunderschön und ruft mir mein Wort für Lebensfreude förmlich zu: Balance.«

Als Nächstes bekam Britta ihr Haus, das Anna aus der Vogelperspektive gezeichnet hatte. Ein altes Stadtviertel, in dem reges Treiben herrschte: Autos auf den Straßen, flanierende Fußgänger, belebte Straßencafés, bunte Läden – und mittendrin das Penthouse, auf dessen Dach ein Storch nistete. Nachdem Britta das Bild eine Weile betrachtet hatte, fragte sie: »Wieso das Storchennest?«

»Das ist ein Glücksbringer. Außerdem nisten Störche so weit oben, damit sie einen großen Überblick haben und wieder leicht zu ihrem Nest zurückfinden.«

»Was für eine schöne Idee, Anna. Sie verbildlicht meine Entwicklung. Ich gehe wirklich offener auf das Leben zu. Ja, vielleicht sogar freudvoller.«

»Und was ist dein Wort?«, wollte Sebastian noch wissen.

»Erst dachte ich Offenheit oder Empathie. Das schien mir zu Beginn unserer Treffen mein Thema zu sein. Aber jetzt sehe ich das anders. Mein Wort ist Mut. Wenn ich interessiert die Wahrheiten anderer Leute sammle, ohne sie von meiner Wahrheit überzeugen zu müssen, fühle ich mich ihnen näher. Und das ist schön.«

Da niemand mehr etwas sagte, erhielt jetzt Gerda ihr Haus. Sie war so gerührt von dem Bild, dass ihr die Tränen kamen. So etwas Persönliches hatte sie lange nicht geschenkt bekommen. »Danke!«, sagte sie schniefend und wollte gerade anfangen, von sich zu erzählen, als der Hund auftauchte. Schwanzwedelnd lief er von einem zum anderen, begrüßte und beschnupperte jeden und setzte sich schließlich neben Gerda.

»Wo warst du denn das letzte Mal? Wir haben dich schon vermisst«, sagte sie und streichelte ihn dabei. Das gab ihr noch einen Moment, um sich zu sammeln. »Manchmal …«, fing sie stockend an zu berichten, »manchmal denke ich, dass ich früher oft bei anderen für gute Stimmung sorgen wollte, weil ich das bei mir selber nicht geschafft habe. Aber jetzt brauche ich weniger Stimmungsmacherei, weil ich mich um mein eigenes Erleben kümmere.« Sie schaute auf ihr Reihenhaus: klein, fein, gemütlich und voller Leben. Es war umgeben von einem blühenden Garten, in dem es einen Pizzaofen und einen großen Esstisch gab. Da saßen einige Nachbarn beim Essen, und zwei Kinder kletterten auf einen Spielturm, um auf der bunten Rutsche nach unten zu sausen. Die anheimelnde Atmosphäre, die Anna eingefangen hatte, drückte genau aus, wie Gerda sich fühlen wollte. Sie mochte ihr Leben. Vielleicht brauchte sie ja gar keine großen Entwicklungsschübe.

»Und was nimmst du von hier mit?«, fragte Klaus.

»Dass ich zufriedener geworden und nicht mehr so kritisch bin.«

Britta sagte: »Wie hast du das geschafft?«

»Das ist vielleicht ähnlich wie bei dir: Ich beschwere mich kaum noch und tu mir nicht mehr so leid. Ich kann vieles so sein lassen, wie es ist. Und ich unternehme mehr, weil ich mich jetzt für mehr interessiere.« Gerda schaute in die Runde und fragte: »Was verbindet uns eigentlich alle hier?«

»Gute Frage«, sagte Sebastian und überlegte. »Vielleicht, dass wir alle zufriedener geworden sind.«

»Ich kann nur für mich sprechen«, ergänzte Britta, »aber möglicherweise geht es euch ja genauso. Meine Zufriedenheit hat vor allem zugenommen, weil ich diszipliniert drangeblieben bin, mich nicht mehr über das Leben und andere zu beschweren.«

Alle stimmten mit Britta darin überein.

»Genau das war's«, sagte Sebastian. »Am Anfang fiel mir das echt schwer, aber mit der Zeit wurde es leichter.«

»Und was ist dein Wort, Gerda?«, brachte Anna den Fokus wieder zu Gerda zurück.

»Anfängergeist«, lachte sie freudig und zwinkerte Sebastian zu. »Vor ein paar Tagen hat einer meiner Kollegen zu mir gesagt: ›Nimmst du was, Gerda? Du bist neuerdings so gut drauf.‹«

Woran man Menschen, die gern leben, erkennt

- Sie sind heiter gestimmt und freuen sich mehr über sogenannte Kleinigkeiten.
- Sie beklagen sich nicht oder nur selten.
- Sie nehmen sich wichtig, aber nicht so ernst.
- Sie sehen Möglichkeiten und unternehmen oft etwas Neues.
- Sie begegnen Herausforderungen mit Anfängergeist und Zuversicht.
- Sie nehmen andere ernst und geben deren Bedürfnissen Raum.
- Sie können gut zuhören, weil sie sich für die Sicht und Gefühle anderer interessieren.
- Sie haben sich dafür entschieden, das Leben in seiner Ganzheit zu lieben, und verlieren sich nicht in Grübeleien oder Problemen.

- Sie sind dankbar fürs Leben und tun gern Gutes.
- Sie sind seins-, nicht defizitorientiert.

Klaus hatte schon die ganze Zeit nachdenklich geschaut. Als Gerda fertig war, sagte er: »Bei mir hat der Krebs mein Leben verdunkelt.«

»Erzähl«, sagte Gerda.

»Erst mal hatte ich panische Angst zu sterben. Der Gedanke daran macht mir ehrlich gesagt immer noch zu schaffen – mein Status ist ja noch offen –, aber er plagt mich nicht mehr so wie am Anfang.«

Gerda fand, dass Klaus ihre Frage nicht wirklich beantwortet hatte. Aber vielleicht war ihm das, was sich geändert hatte, selbst noch nicht klar.

Wortlos schob Anna ihr letztes Bild zu Klaus, eine feine Tuschezeichnung, die zart aquarelliert war. Sie hat wirklich Talent, dachte er. Anna hatte den Gegensatz zwischen der Nüchternheit des kühlen grauen Betons und der überbordenden, üppigen Natur sehr fein dargestellt. Sein Betonhaus strahlte lichtdurchflutetes Wohngefühl aus und wirkte zugleich wie ein moderner buddhistischer Tempel, dessen Grenzen mit der Natur verschmolzen.

»Was hat sich geändert?«, murmelte Klaus vor sich hin und sagte dann leise: »Ich bin froh, noch am Leben zu sein.« Er überlegte einen Moment. »Und es kommt mir so vor, als würde ich alles viel intensiver wahrnehmen und in mich aufnehmen. Ach ja, das hätte ich fast vergessen:

Im Sommer werden meine Frau und ich eine lange Reise machen, drei Monate mit dem Camper durch Südeuropa. Wir haben nichts wirklich geplant, fahren einfach mal los. Sozusagen ein Aufbruch ins Ungewisse.« Er strahlte nun ein Gefühl der Vorfreude aus. »Auf so was wäre ich früher nie gekommen.«

»Das ist ja krass! Was für ein Abenteuer!«, bemerkte Anna.

»Und so lange«, pflichtete Sebastian bei.

Klaus überlegte, wie er seinen Sinneswandel am besten erklären konnte: »Vor unserem heutigen Treffen hab ich im Internet recherchiert, wie das Japanische Teehaus in den Englischen Garten gekommen ist. Ein Großmeister aus Kyoto hat es der Stadt anlässlich der Olympischen Sommerspiele 1972 geschenkt. Von dort aus bin ich beim japanischen Zenbuddhismus gelandet und dabei auf ein ästhetisches Konzept gestoßen, das die Japaner Mono-no-aware nennen: ›die Schönheit des Vergänglichen‹ oder auch ›das Pathos der Dinge‹. Das hat mich sehr berührt, denn da geht es darum, wie man der Tatsache, dass alles im Leben vergänglich ist, am besten begegnet.«

»Wie denn?«, fragte Britta.

»Mir trauriger Heiterkeit oder heiterer Traurigkeit.«

Anna wusste nicht genau, was Klaus damit meinte, aber die Zuversicht, die in seinen Worten mitschwang, ging ihr nah.

»Und wie geht das?«, fragte Gerda und zog die Kapuze ihrer Jacke über den Kopf, da es mittlerweile nicht mehr nur nieselte.

Klaus wanderte mit seinem Blick nach oben zu den Ästen der Eiche, deutete auf eines der vertrockneten Blätter, die vom letzten Jahr übrig geblieben waren, und erklärte: »In ein paar Wochen steht dieser Baum in voller Pracht. Er hat dann saftig grüne Blätter, die im Herbst vertrocknen und herunterfallen. Im Winter erholt sich der Baum und im Frühling geht alles wieder von vorne los. Das ist der Kreislauf des Lebens.« Es war gar nicht so einfach, dachte er, die Erkenntnisse und seine Gefühlslage so in Worte zu fassen, dass es nicht schwülstig klang. Er versuchte es trotzdem: »Was ich damit sagen will: Seit der Diagnose war ich nur noch damit beschäftigt, den Tod zu verhindern. Aber das sehe ich jetzt anders. Das Ende ist für jeden von uns unvermeidbar, auch wenn keiner weiß, wann es soweit sein wird. Und gerade Letzteres bewegt mich dazu, mich intensiver aufs Leben einzulassen. Deshalb ist mein Wort für das Bild, das Anna mir gezeichnet hat, Wertschätzung. Das heißt für mich: Ich liebe das Leben so, wie es ist.«

Sebastian nickte. Denn auch er hatte in den letzten Monaten verstanden, dass Lebensfreude nicht bedeutete, dass einem das Leben dauernd Freude machen musste. Entscheidend war, dass man sich das Leben, zu dem eben nicht nur der Sonnenschein gehörte, durch den Hagel nicht verhageln ließ. Er konnte Stress haben im Büro, sich über etwas ärgern oder traurig sein und sich dennoch darüber freuen, am Leben zu sein. »Es ist eben alles eine Frage der Grundstimmung«, sagte er nachdenklich.

Der plötzlich einsetzende Regenguss war allen unangenehm und beendete das Gespräch. Die ziemlich kahle Eiche bot ihnen keinen Schutz.

»Wir sollten lieber aufbrechen«, meinte Britta und erhob sich. »Auch wenn ich es schade finde, dass ausgerechnet das letzte Treffen so abrupt endet.«

»Wir könnten doch nächsten Monat weitermachen«, schlug Gerda vor und stand auf. »Alle vier Wochen, wie bisher.«

»Ich bin dabei!«, antwortete Anna, während sie ihre Sachen zusammensuchte. »Nur bitte nicht mehr so früh. Zehn Uhr wäre mir lieber.«

»Wie beim Sonntagsgottesdienst.« Gerda grinste. »Als Kinder sind wir dann auch immer um zehn Uhr in der Kirche gewesen.«

»Das passt doch«, warf Britta ein, die in einer Hand den Regenschirm hielt und mit der anderen umständlich ihre Isomatte zusammenlegte. »Unsere Treffen haben doch auch was Heiliges.«

»Stimmt!« Anna klatschte fröhlich in die Hände. »Ab jetzt in einer Mastergruppe. Lebensfreude für Fortgeschrittene.«

»Ich mache auch mit«, sagte Klaus. »Vorausgesetzt, wir bleiben so gewissenhaft dran wie bisher.« Denn aus eigener Erfahrung wusste er: Verstehen allein reichte nicht aus, um dauerhaft Freude am Leben zu haben. Alle waren jedoch auf einem guten Weg dorthin. Sie hatten erkannt, dass Zufriedenheit eine Entscheidung ist und dass sich die von ihnen angestrebte Freude letztlich nur auf dieser Basis entwickeln konnte. Im Alltag war die Wahrscheinlichkeit sehr groß, wieder in alte Denk- und Verhaltensgewohnheiten zurückzufallen, die die Lebendigkeit einengten. Da war es hilfreich, immer wieder im Austausch zu sein und den Raum für mehr Erleben und Freude gemeinsam zu vergrößern.

»Im Ernst«, ergänzte Klaus, »wenn wir uns hier weiter treffen, von mir aus auch um zehn Uhr, dann ist in dem Moment nichts wichtiger. Abgemacht?«

»Abgemacht«, kam es von den anderen vier wie aus einem Munde.

Klaus umarmte jeden Einzelnen inniglich. Dann ging er im strömenden Regen ruhigen Schrittes seinen Weg, und es schien den anderen, als hätte er Freude daran.

Nachwort

Jens Corssen und ich haben die schöne Vision, dass inspirierte Leserinnen und Leser nach dieser Lektüre das Bedürfnis haben, auch einen Freude-Kreis ins Leben zu rufen. Die Erfolge der fünf Protagonisten könnten dazu ermutigen. Denn einige von ihnen ändern ihre Lebenssituation derart, dass sie sich wieder wohlfühlen in ihrer Haut. Die anderen erschaffen sich »nur« einen neuen Blick aufs Leben, werden dadurch gelassener, aktiver und erweitern damit mutig den Raum für ein neues bereicherndes Leben.

Wenn Sie sich von dieser Geschichte inspiriert fühlen, könnten Ihnen das gesamte Setting und die Regeln dieser Treffen, so wie sie hier beschrieben wurden, als Vorlage dienen. Solche Treffen im Stil einer Selbsthilfegruppe haben den Vorteil, dass sie nicht von einem professionellen Besserwisser geleitet, sondern in Eigenregie von allen Teilnehmenden geführt werden, die ihre Einstellung zu sich, den anderen und dem Leben ändern wollen. Beim Schreiben dieses Buches erging es Jens Corssen und mir ähnlich: Es war eine aufregende Erfahrung, zu erleben, wie sich die fünf Fremden nach und nach aufeinander einließen, sich verselbstständigten und von unseren anfänglichen Vorstellungen als Autoren befreiten, um ihr eigenes Ding zu machen – und das auch noch erfolgreich, ohne unser Eingreifen. Am Ende der Geschichte waren wir hingerissen davon, wie die Fünf, die sich am Anfang so fremd und gar nicht grün waren, ihre Vorurteile abgebaut und ihr jeweiliges So-Sein schätzen gelernt haben.

Sollten Sie Fragen beim Gründen eines Freude-Kreises haben, schreiben Sie mir gern unter:

lebensfreude@ehrenschwendner.de

Sollte ein Freude-Kreis für Sie nicht in Frage kommen, gelten die Regeln und Anregungen dieses Buches natürlich auch für andere Beziehungen, zu Ihrer Familie, Ihrem Freundeskreis, zu Mitarbeitenden und Vorgesetzten.

Herzlichst
Ihre Stephanie Ehrenschwendner

Willkommen im Reich der Möglichkeiten.

240 Seiten. ISBN 978-3-442-34167-2
Auch als E-Book erhältlich

»Das Leben ist eine Achterbahnfahrt«, sagt Jens Corssen, Psychologe und Erfolgsautor. »Wer Eigenmacht hat, genießt die Fahrt nach oben mit allen Sinnen. Und sorgt auf dem Weg nach unten dafür, bei Laune zu bleiben.« Wie man das schafft, dafür hat der renommierte Coach eine einfache Lösung parat: Unsere Einstellung zum Leben, zu anderen Menschen und zu uns selbst ist eine Superkraft, die dafür sorgt, dass wir uns wohlfühlen und beruflich wie privat erfolgreich sind. Diese Essenz des »Selbst-Entwicklers« hat der Autor in einem innovativen Werk zusammengefasst: dem »Graphic Coach«, einer pointiert bebilderten Episodengeschichte mit Selbst-Coaching-Effekt.

arkana